原住民叢書

鄒　族

王嵩山　著

三民書局

國家圖書館出版品預行編目資料

鄒族／王嵩山著.－－初版一刷.－－臺北市：三
民，2004
　　面；　公分－－(原住民叢書)

ISBN 957-14-4065-5　(平裝)

1.鄒族

536.295　　　　　　　　　　　　　93010958

網路書店位址　http://www.sanmin.com.tw

© 鄒　　　族

著作人　王嵩山
發行人　劉振強
著作財
產權人　三民書局股份有限公司
　　　　臺北市復興北路386號
發行所　三民書局股份有限公司
　　　　地址／臺北市復興北路386號
　　　　電話／(02)25006600
　　　　郵撥／0009998-5
印刷所　三民書局股份有限公司
門市部　復北店／臺北市復興北路386號
　　　　重南店／臺北市重慶南路一段61號
初版一刷　2004年8月
編　號　S 630150
基本定價　參元陸角
行政院新聞局登記證局版臺業字第○二○○號

ISBN　957-14-4065-5　(平裝)

總　序

　　三十年前，筆者開始投入臺灣原住民社會文化的研究時，這幾乎是沒有人願意或有興趣的研究領域；三十年後的今天，它似乎又熱得過頭，各種有關的叢書或出版源源不絕地出現，然而內容卻良莠不齊，甚至有不少明顯的錯誤。做為長期從事臺灣原住民社會文化研究的一員，我們深覺有義務回饋於臺灣原住民社會以及臺灣大社會。就專長而言，如何能將學界過去研究的成果，以最容易理解的語言介紹給社會大眾，讓生活在同一島上的人們，對於我們生活周遭隨時接觸到之不同族群的人，都能有所瞭解，以建立對於異文化特點之欣賞與包容的態度，並進一步反思自己社會文化的問題，由此更能以寬廣的視野與胸襟，來思考及勾勒臺灣未來如何成為一個多元文化的現代社會，都將是我們學術研究者所能從事的主要社會實踐工作。為此，我們決定編輯出版這一系列的原住民叢書。

　　在臺灣南島民族本身的研究上，目前國內的研究相較於任何其他國家（包括日本在內），仍屬首屈一指。只是，每一個族群或主題所累積的研究成果不盡相同，而每一位研究人員的生涯規劃也各異其趣。因此，這叢書系列開始是以每一個「族群」為主要單位來介紹，而研究成果不足者（特別是平埔各族群），將暫時從缺，等到有足夠成果及適當之撰書人

選時，再行出版該族群的專書。同樣地，以「主題」為設計的專書，如臺灣原住民的藝術、音樂、建築或舞蹈等等，原則上希望每一單行本均能涵蓋到不同的族群，但現實上，目前還很難做到這要求，我們也僅能依照不同的課題，就其累積的各項成果以及是否有適當的人選，來考量並決定是否邀請學者來撰寫。一旦有足夠而成熟的條件，我們均將主動將其納入這寫作叢書的社會實踐工作中。

　　叢書一開始便以「族群」為單位來介紹，自然會涉及如何界定族群的根本問題。比如，日本殖民政府統治初期，便困惑於卑南族是一個族還是與排灣、魯凱同屬一個族群？而南庄事件之後才出現的「賽夏族」，與之前歷史上有收養漢人習俗的南庄八社，是否為同一個族群？還是有其連續與斷裂的歷史發展結果？臺灣東北海岸在歷史上頻頻出現的馬賽人，是一個族群？還是同一種生活方式的不同人群？太魯閣族與泰雅族是屬於一個族群？還是兩個不同的族群？而日月潭的邵族與阿里山的鄒族，是同一個族群？還是兩個不同的群體？尤其政府已承認邵族為一個獨立族群的情況下，我們又如何看待？鑑於人類學目前主要的觀點趨於視族群為歷史發展的結果，我們在此並不先預設到底有哪些族群存在，而是考量是否有足夠的研究成果及適當的人選，以及臺灣人類學目前的慣例，來做為取捨之依據。同時，也保留了可增加新族群的空間，以供未來增補之可能性。當然，在每一個族群的介紹中，作者也會盡可能交代具有爭議性的議題。而為了保留

及凸顯原住民的觀點，書中均以斜體字拼音來記錄其字彙或觀念，並與英文有所區辨。

最後，這個叢書系列能夠順利出版，自然必須先感謝這叢書的主體——臺灣原住民，是他們在臺灣這歷史舞臺上有過的努力，賦與了這叢書存在的價值與出版的積極意義。也感謝所有參與撰寫本叢書之作者的鼎力相助，他們在繁忙的研究與教學事務之餘，接下了這份額外的工作。而若非有同為研究所同事的編輯委員陳文德、黃宣衛、蔣斌，以及編輯助理王薇綺等的協助，這件事一開始可能即胎死腹中。此外李訓詳教授的穿針引線、三民書局董事長劉振強先生的熱心於社會推廣事業，更是這叢書誕生的臨門一腳。在此，筆者謹代替讀者謝謝上述所有的人。

主編

黃應貴 敬上

序言與謝誌

　　自我從 1981 年 4 月開始認識鄒族至今，倏忽二十餘年。鄒人繩繩繼繼，文化是複雜且變動的，歷史不斷地被創造。本書是多年來民族誌工作的一個整理。物換星移，過去的資料遭遇不同的社會情境，尚能揭露多少鄒人文化上的終極關懷？

　　2003 年春天，達邦頭目汪傳發，因「強奪」漢人在鄒地所採集的蜂蜜，遭扣押、保釋後等待審判。一審有罪、但可緩刑。族群領導人被定罪，撼動鄒族社會秩序。雖然頭目身心俱疲、靈臺清明的想要認命；不過，年輕人背水一戰的期望，還是讓頭目點頭、答應上訴。聰明的律師，充分地準備傳統部落首長職分與權力的民族誌資料，在法庭上剴切的結辯，相信司法將會還鄒族的傳統部落規範一個正義。不幸的是，族人盼到一個遺憾，二審依舊維持原判。顯然，緩刑之舉，已是身處司法系統的法官考量文化差異之後的「法外施仁」。

　　吳鳳「成仁取義」的故事雖已從教科書撤除，但「阿里山忠王」終究是漢人的信仰所創造出來的存在。來自西方的漢人移民，需要神力無邊的吳鳳公之庇佑。他們在家裡供奉著吳鳳神像，吳鳳廟越蓋越多、越來越大。為了選票、也因信仰的驅動，漢人官員依舊爭相贈匾、競書頌德辭藻。詭譎的神像與碩大的廟宇，逼視著鄒地。令人不安的異族信仰，誇張的安座大典、定期的聖誕千秋活動，滋長鄒人的焦慮。2003 年秋季，一座忠王廟前的白布條抗議舉動，雖非草草了事、卻安靜得有點悲涼。撤除吳鳳課文，已是尊重不同族群歷史的極限。

　　鄒人認為頭目的正當行為，違犯了大社會的法律；漢人的

好人與真神定義，在鄒族社會卻有完全相反的看法。史與事、錢與財、罪與罰、神與鬼、領域與廟宇、權威與權力、頭目與總統、親友與敵人，不但是社會文化的建構，更早已涵攝於更大的、細膩互動的脈絡。要理解這些社會事實，如鄒人會問的，本書的途徑是不是一條好路呢？照見了多少真實的過去呢？

序文合理化寫書的目的，謝誌則提醒作者：著書是一種集體事業。本書得以出版，應該要感謝叢書主編、中央研究院民族學研究所所長黃應貴教授的邀請與督促。匿名審稿人的意見與王薇綺小姐細心的編輯，顯然不只是技術性的指導。

對於多年來在文化思考上指導的朋友們，我深致謝忱。特別是：汪傳發先生、汪念月先生、莊有鐵先生、湯春櫻女士、陳明利先生、張德仙女士、浦少光先生、汪幸時先生、汪明輝教授、浦忠成教授、浦忠勇校長、高德生先生、鄭信得牧師、安高民先生、桂先玲女士、湯保富鄉長、汪枝美女士、湯進賢議員、高英傑教導、高英明先生、孫大川教授、關華山教授、陳計堯博士、何傳坤教授、周文豪教授、吳曉珞女士、陳麗如女士、羅永清先生。本書許多資料與觀念，受教於他們的慷慨貢獻。

最後的但絕非最少的謝意，湧向支持我的妻世瑩，子以明、以行。

這冊書，獻給尊敬的達邦社與特富野社的頭目：汪傳發先生、汪念月先生。

王嵩山
國立自然科學博物館人類學組

鄒族 目次

第一章
導　言

　　鄒族 (the Tsou) 居住在臺灣中部，自稱為 "Tsou"（也就是「人」的意思），目前總人口只有七千餘人，一般分為南鄒與北鄒。南鄒有沙阿魯阿 (Saarua) 和卡那卡那布 (Kanakanavu) 兩群，分別居住在高雄縣桃源鄉和三民鄉境；北鄒又稱「阿里山鄒族」，居住在嘉義縣阿里山鄉境的特富野群 (Tufuya) 與達邦群 (Tapang) 是本書描述的主體。

第一節　族群界線

　　鄒人過去的居住地非常廣大。老一輩的鄒族，相信人類都是由鄒的天神 (hamo) 運用不同的樹葉所創造出來。天神在較高的山區，以楓樹的葉子造出鄒人，天神又到較低丘陵以茄苳樹葉造出漢人。根據阿里山山脈的考古學與民族學資料，鄒族是最早到達臺灣的原住民族群之一。距今約四千年前，鄒人便從島外移居臺灣。❶北鄒人生活於雲林縣斗六至臺南安平一帶的嘉南平野。千百年輾轉遷徙，漸漸地定居於阿里

---

❶　近年的考古學文獻參見：劉克竑、何傳坤 (1998)；何傳坤、洪玲玉 (2002)。

山山脈與曾文溪、濁水溪上游流域，石鼓盤溪與清水溪一帶，最後集中在嘉義縣阿里山鄉境。

鄒人山居聚落的高度，大約在四百公尺至一千二百餘公尺之間。鄒地東部與布農接壤，西與嘉南平原的漢人村社為鄰，南方則面對魯凱族的下三社群。對鄒（Tsou 人）而言，這些「非人 (non-Tsou)」和自然生態，明顯地或潛在地威脅 Tsou 生物體和社會文化體，政治的界域、宗教的信仰和經濟活動都與此相關。

本書描述達邦與特富野兩個傳統部落 (hosa) 的社會生活與文化實踐。❷ 達邦與特富野都位於嘉義縣阿里山鄉達邦村內，兩地約有三公里的距離，根據過去的部落組成原則，它們各自構成一個獨立自主的部落範疇。因此，國民政府治理臺灣之後，雖然兩個大社被納入同一個村治行政體系，男子會所 (kuba) 及其相應的社會組織和文化觀念的存在，卻使其傳統部落的界限維持到現在。兩社族人都說自己是「北鄒」或「阿里山鄒」，也認為居住在高雄縣和南投縣的鄒都是「族人 (tsou adoana)」；但是，他們卻也常運用描述事物的語音、歌舞形式的細微差異，以及擁有不同的男子會所 (kuba) 與部落首長 (peongsi)，向外人表達他們之間的不同。這種意識到差異的區辨現象，也見之於南鄒。族群範疇論述將「鄒人」

---

❷ 本書所採用的民族誌資料參見王嵩山 (1990, 1995, 2001, 2003a, 2003b)；王嵩山、汪明輝、浦忠成 (2001)；王嵩山等 (2001)；李道明、王嵩山 (2001)，本書行文中不一一列舉。

具體化，隱約地否證異族、劃定明確的不同。雖然如此，鄒社會中極為普遍的收養 (tusa) 同族或異族成為氏族成員的親屬制度，則使鄒人不至於以單純的生物體上的差異建構族群界線。

第二節　空間、景觀與自然資源的管理

目前分別屬於達邦大社、特富野大社的八個阿里山鄒族聚落，都位於曾文溪上游、清水溪與其支流的石鼓盤溪、阿里山溪之切割段丘地形的山腹 (migobako) 或河谷地帶上。鄒人選擇做為聚落所在的河階段丘地形，聚落平均海拔約高四百公尺至一千二百公尺，面積多半不大，多分散在流域或同一山谷中，地勢上往往背山面谷、居高 (soteuhuzi 仰視之處)

圖 1　達邦 1–5 鄰鳥瞰圖

臨下（*soyautsi* 俯看之處）。

鄒人認為東方 (*omza*) 是「好的方向」。位於鄒領域東北側的玉山 (*Patunguanu*)，是鄒人洪水神話中的「避難之處」。目前位於玉山山脈、清末所開鑿的古道，漢人所普遍使用的地名「八通關」，就是從鄒語音譯而來。神話中，鄒在此躲避洪水、學得獵頭的習俗，也確立了和布農人等異族的關係。鄒人相信，死後的鄒（人），身體中兩個靈之一的遊離 *piepia* 魂，必須回歸北阿里山山脈西側的塔山 (*Hohutsuvu*)。位於玉山西方、海拔高約二千四百餘公尺的塔山，被認為存在著一座「眾靈的會所」。

日出與日落的東西向，是鄒人空間觀的主要軸線。不論是家屋 (*emo*) 或男子會所的前門、埋葬、從事巫術醫療、聚落內的空間配置等，「正面」一定要朝向東方。日落的方向西方 (*oeyi*)，被認為是造成鄒社會與生物體危機的來源，鄒人將之視為「惡靈之門」。因此，死靈 (*yataboetsuboets*) 即意指「居住在闇黑之處的靈」；而天花之靈或稱火之靈 (*hitsu no kuaho-ho*) 和惡靈 (*tadiyudiyu*)，也都由西方（也就是由漢人居住地的方向）入侵。受國家社會統治之後，鄒人亦將聚落的墓地置於西邊。很顯然地，這個空間觀的主軸，有鄒人與外來文化接觸之後所建構或增強的痕跡。另一個空間的基準，是人體的朝向。舉例而言，前 *mi'usuni*（向面）、後 *fu'ufu*（背）或 *tsi'ingona*（背面），上 *soyongutsivi*（臉仰天）、下 *sopeohi*（臉俯地），兩側 *fe'ona*（這一個語詞也用來指「南、北」）都是。

一年 (*tonsoha*) 被鄒人分為兩個季節：夏季 (*homueina*) 與冬季 (*hosoyuma*)。中心大社所在的達邦村，月均溫中以一月最低、七月最高，夏季的平均溫度在 14.5°–26°C 之間，冬季的平均溫度在 6.2°–15°C 之間；年均溫則約 10.9°–20°C 左右。每年的五月至九月，平均月降雨量約為三百六十公厘；十月至隔年二月，平均月降雨量大約只有五十公厘。因此，根據降雨量的多寡，鄒人又把一年分為兩個季節：乾季 (*boboezu*) 與濕季 (*sioubutsoha*)。乾季與濕季的時間，大致等同於冬季與夏季。每年由十月起至隔年的二月與四月之間，山區的乾季長達半年。鄒人認為乾季是男子的季節，男人活躍於獵場 (*hupa*)，大型的狩獵與軍事、聚落儀式活動都在乾季舉行。

阿里山山脈是臺灣島著名的林區，動植物資源極為豐富。鄒人日常蛋白質的主要來源為溪魚、水蝦，及山中獵獲物如山豬、獼猴、鹿、羊、飛鼠。不論是獲取動物資源或者是植物資源，都只能在世系群擁有使用權的獵場 (*hupa*) 與漁區 (*esa no tsongo eha*) 中進行。和臺灣其他山居原住民（如鄰近的布農族）不同，鄒人對漁獲 (*eaeosku*)、魚類的攝取具有高度的興趣。他們將同一條河流分為不同的河段，由各世系群分別管理。獵場則為同一部落 (*hosa*) 成員所共有。最近的研究指出，阿里山鄒人魚類攝取頻率高於其他山居族群。即使是現代社會，魚類依舊是鄒人蛋白質的主要來源，僅次於肉類，與豆類相同而高於蛋類。其中，男人（每週吃魚 4.1 次）的魚類攝取頻率又高於女人（每週 3.43 次）。❸ 動植物的獲

取，更通過施行嚴格巫術與超自然信仰的控制，產生有效的社會約束力。大自然的眾靈，呈現出不平等的階層化特徵，眾靈的性別也以社會事務分工為標準。雷靈 (*ak'e-engutsa*)，山嶽、土地與護聚落之靈 (*ak'e-mameyoi*)，河靈 (*ak'e-ts'oiha*)，影響戰爭勝負之靈 (*yi'afafeyoi*)，狩獵之靈 (*hitsu no emoikeyengi*)，都是男性之靈。動物與植物之靈，則往往被視為女性；如小米之靈(*ba'e-ton'u*)，稻米之靈 (*ba'e-paji*)，百步蛇靈 (*ba'e-fkoi*) 都是。

狩獵能力的維持是一種社會過程。對鄒人而言，狩獵的能力是界定男子性 (manhood) 的標準之一，更是用來區隔儀式時間與日常時間的文化工具。雖然鄒人已不在獵場中進行大型的、集體的團體狩獵活動，但依然維持個人或三、五成群入山設陷阱狩獵的行為。聚落裡常常期待左鄰右舍傳來：「來食『山肉』!」的邀請。「拿」自傳統獵場的「肉 (*fou*)」，有別於馴養的或經漢人商販而得的肉類。請誰來家內 (*aimana*)、同座 (*tsuo no suiyopu*) 共食，以及分食的傳統規矩，都指示他們之間當下的親密關係。「山肉」的獲取與消費，被賦與呈現鄒族群內外關係的意義。

第三節　物質文化、藝術與社會

鄒族一向被早期人類學家視為缺乏藝術成就，1980 年代

❸　參見黃韶顏 (2000：98)。

圖 2　獵藝在現代社會中表演

以來，卻以其獨特的歌舞，結合戰祭與收穫儀式的表演，屢次前往國家劇院演出。近年來，生態保育的觀念與行動結合了族群認同意識；而根源自傳統文化的服飾、食物與調理方法、男子會所、禁忌之屋、宗教儀式、生態觀念、南島母語等等，都成為內部社會凝聚和部落重建的重要「文化工具」，也是族群用來做為對外抗爭的象徵資本。

　　鄒族的常服，男性以鹿、羌、羊等獸皮縫製衣、褲、帽、鞋等來穿著。鞣皮是鄒族特殊且著名的工藝，皮帽加插飛羽更是鄒族男子最顯著的特徵；而女性則以棉、麻等植物纖維，織製成布衣。這兩種衣服是日常鄒服的基本形態。

　　傳統鄒族社會中，未成年者衣飾較為簡單，在接受成年儀禮之後男性便可戴鹿皮帽、掛胸袋、著皮披肩、掛腰刀；女性則頭可纏黑布、著胸衣與腰裙、穿膝褲。其次，成年的

男性可以出獵，一方面獵食、一方面尋求武功。平常佩帶用竹片或木片製成寬約七公分左右的腰帶，除了經由束腹來要求精神上與肉體上的緊張性，產生武勇的氣魄與身材之外，鄒人認為束腹也有因應食物不足、減少食量的意義。此外，頭目或征帥等具有勇士的資格者，帽子前緣由樸素轉變為可以附加寬約六公分左右的紅色紋飾額帶；額帶之上，可另配珠玉和貝殼片飾。獵獲威猛山豬者，可以由平常的銅製手鐲、臂飾，添加用山豬牙對圈而成的臂飾。女子在平時以黑布纏頭，一旦到了結婚或聚落盛大祭儀之時，則佩帶用珠子裝飾並有挑織紋樣的額帶。

　　男子的常服也可以是用棉麻織成正反兩面、各為紅色與黑色的長袖布衣。平常鄒男子穿著黑色的一面，到了儀式如小米收穫、戰祭等場合，則改穿紅色的一面。人死的時候，

圖 3　特富野頭目與長老在男子會所中鞣皮

舊衣服換成新衣服，穿著一生中最華麗而正式的衣服；葬時，正穿的衣服更要反著。上述的現象顯示出隱藏在鄒腦海中的兩個相對而互補的範疇。第一個範疇是：個人、未成年、強調生物性、平常的、舊的、普通的、正面、黑色、樸素的、世俗的。第二個相對的範疇則是：團體、成年、強調社會性、特殊的、新的、特殊的反面、紅色、複雜的、神聖的。由於這兩個範疇所涉及的社會關係彼此相關、卻又有所差別，因此鄒文化建構出一套形式來協助個體轉換和跨越。

進入現代社會後，衣服的材質和形式都受外在社會影響，例如目前所穿著的常服都是和漢人沒有兩樣的西式服裝，鞣皮工藝已不再興盛，西裝革履取代傳統服飾而為社會地位的表徵。但這類影響主要還是出現在日常穿著，至於神聖的宗教儀式場合，傳統的衣飾禮節便依然存在。傳統服飾被用來表達各種有別於平常的狀態、人際與群際之分界與關係、特殊意義的時空等，而被保留下來。

鄒族藝術的訴求內涵，不追求造形聲動與繁複多彩的表現觀念，也未因社會內在的專業分化與嚴謹的階級關係而產生專門從事藝術創作的工作者。除了表達日常感情的世俗歌舞外，原住民表演藝術常與宗教生活密切相關。鄒族的宗教儀式主要分為幾個項目。首先是農事祭儀（小米的播種儀式 *miapo* 和小米的收穫儀式 *homeyaya*），藉儀式以保證農產的收成，潔淨靈魂、身體與同一家名的「內在」關係。其次是肯定與認同傳統社會結構秩序，企求部落生命不斷再生，凝

聚對「外」戰力的戰爭儀式 (mayasvi)。此外,又有個人或家庭的醫療巫術 (meipo),加強身體靈 (hiyo) 的力量,藉以消除導致個人與社會危機的終極因素,「讓每一次呼吸都順暢」、保持真正的健康。而在人生各階段所舉行的生命禮儀,則協助鄒順利通過生理、心理與社會關係變動的關卡,使參與者認同新的身分和地位,得以順利的整合到社會的運作之中。

鄒的歌舞行動,反映出社會文化所界定的人、我、自然之間的關係,結合族人素樸沉穩、內斂自信、自成一格的情感表達方式。戰爭儀式 (mayasvi) 的歌舞,強調凝立、端肅的精神,沉緩而不遲滯的謹慎吟唱和移動,有人際的諧和與凝聚的重量,表現鄒族理想而穩定的社會秩序。不但禮敬大神、戰神和生命之神,歌頌勇士的雄然與力量,遍數記憶中先祖捷健的步履所登臨的山河族地,也彷彿對人間世無法避免的爭戰,投下極為無奈的太息;為對立雙方的死靈(hitsu no piepia 遊離之魂),寄予尊敬的同情。夏末,小米結實纍纍,鄒曆的一年將盡,遠颺的遊子歸鄉、回本家「過年」。閃耀樸黃色彩的收穫歌,表現收穫的歡愉、對來日寄託希望,也有惕厲勞動精神,鼓舞族群內共作關係,以及恭敬地感激小米神的宗教音韻。

自從日治時代以來,鄒社會被納入國家行政系統。鄒人雖然失去社會制度層面的主動性,但依然藉著文化形式的具體實踐,運用相關的物質表徵,傳承倍受威脅的社會觀念和文化價值之集體記憶,強調文化差異、維繫族人在當代社會

中的文化認同與一體情感。本書嘗試通過阿里山鄒人的視野觀看這個世界，並呈現鄒的個人、文化傳統與現代生活的結合方式。

第二章
集體記憶與歷史

　　形塑鄒族社會現狀的力量包括國家武力與文字的交相影響。從日治時期以降，外來的日文與中文建構出「吳鳳」歷史，沒有文字的鄒人被塑造成原住民中特別野蠻的民族，日本人運用神話和傳統社會的組成原則與鄒族建立良好關係，1950 年代捲入國民政府的二二八事件與白色恐怖，鄒人的社會形式與集體記憶互相涵攝。他們生活在歷史的陰影中。

第一節　吳鳳之死：荷、清時期的阿里山社會

　　明朝天啟四年 (1624)，荷蘭人根據協定條約放棄澎湖、進佔臺灣，倚藉耶穌教的力量，傾力於原住民之教化工作。其較顯著之成就是在臺南地區與鳳山地區之平埔族。❶ 達邦與特富野兩大社，只在荷人之 1650 年的「臺灣土民戶口表」上出現 Tapang（達邦）和 Tivora（特富野）等地名。雖然其族群所屬與社會文化內涵尚未能被認識，但由文字的記載我們知道，這兩個現在還存在的大社 (hosa) 已在約四百年前分別建立其自主的領地。

---

❶　溫吉 (1957：7–29)。

　　西元 1661 年，荷蘭人結束其據臺三十八年歷史，部分荷蘭人退至爪哇的巴達維亞府，部分則留在臺灣。留在臺灣的一小部分，尋向阿里山山脈，定居於特富野所屬的最近平地小社 (denohiyu) 樂野 (Lalauya)，成為鄒族的一分子。鄭氏治臺三世二十三年，其「理番」設施致力於西部平原。

　　至清初，十八世紀的文獻上始見包括達邦與特富野部落的「阿里山番」之稱，鄒人與國家的互動漸形密切。根據《番俗六考》的記載，當時北鄒四個主要的部落（hosa 達邦，特富野，魯富都，伊姆滋）都包括在內。❷

　　康熙年間沿荷人與鄭氏之制，設立「土官」與「通事」。乾隆三十二年 (1767)，設南北兩路理番同知之際，改「土官」為「土目」。光緒十二年 (1886)，臺灣巡撫劉銘傳將「生番」或「熟番」之原有領導者，都改稱「土目」為「頭目」。❸「通事」之設，由於良莠不齊，因此常有在「番界」滋事、導致事端的例子。嘉義「阿里山八社」的通事，在清人的安撫政策之下，主要的任務是「為之長，可以與彼頭目，商議安撫」。

---

❷　「……（阿里山）乃總社之名，內有大龜山之大龜佛社，霧山之千仔霧社，羅婆山之哖羅婆社，束髻山之沙米箕社，八童關之鹿堵社，溜藤山之阿拔泉社，朝天山之達枋社、豬母勝社（一做肚武勞），共八社……」。轉引自衛惠林等 (1952：1)。「達枋」即達邦大社，「豬母勝」即特富野大社，「鹿堵社」即魯富都大社，「阿拔泉」屬伊姆滋大社。

❸　溫吉 (1957：58–61)。

然而，由於通事肩負的責任與所擁有的職權，往往讓他們有機會剝削「番人」，而有康熙六十年 (1721) 之「阿里山、水沙連各社之殺通事反抗」，以及乾隆三十四年 (1769) 之吳鳳被殺事件。

　　清代的通事可具多重身分。通事不但有漢人，也有由土著擔任者，因此其本身可能擁有租戶的身分，可將田地讓人開墾、收取田租。❹此外，通事又是清政府安撫「生番」之人選。❺事實上，負責管理山產交易、輸餉事宜的不只是通事還包括「社丁首」。例如「內優通事尚由官置，餘如土司之世襲。阿里山之副通事、水沙連之社丁首，皆治瞨社、輸餉事宜」。❻

　　正因為通事統籌「番人」日常生活事務，因此不好的通

---

❹　例如，乾隆五十三年的一張「墾單」即可看出這種情形：「立墾單字人阿里山社正通事阿巴里，有山場一所，址在石崎腳寮，東至社寮，西至礦墘，南至礦頂，北至溪墘；四至明白為界。茲有佃人劉攀前來給墾為業，年一九抽得，貼納本社番外，其業永付劉攀執掌管業，一墾無三。誠死將來混耕侵越，合立墾單付執為照。」參見《清代臺灣大租調查書》，頁 379。

❺　例如，「臺中鳳、嘉二邑，每有安番之法。嘉義責成阿里山八社番通事，鳳山則每年官為安撫。……訪查原委，鳳嘉內山各番，皆有一社為之頭目。如鳳之枋寮山後一社，為眾社生番之長；嘉則有阿里山八社生番通事為之長，可以與彼頭目商議安撫。各生番俱受約束，不敢私出生事。」（陳淑均，1968：235–236）。

❻　鄧傳安，《蠡測彙鈔》，頁 1。

事也就會剝削「番社」與「番人」。康熙收臺灣不久，高拱乾來臺視事，就曾要求官、通事、兵等人「禁苦累土番等弊示」，不准他們勒索「土番」、苦役「生番」，但情形依然持續。❼當時的土著一層層地被剝削。除了通事之外，社商、衙門差役兵、官員都是「可能的」剝削土著者。在歷經二十年之後，這樣的情形不但無改善，通事更成為土著事務的操縱者。❽

雍正末年，通事、社商、夥長的聯合剝削更是嚴重。他們使役男人、婦女與小孩，強娶「番婦」為妻妾。❾由於賣「生番」、強納「番婦」者比比皆是，導致各社的人口漸漸減

---

❼ 高拱乾在《臺灣府志》中寫道：「為嚴禁番社需索花紅，往來抽撥牛車及勒派竹木等弊，以甦土番苦累事。……本道下車以來，訪聞有司官役於招商贌社時，需索花紅陋規，以致社商轉剝土番，額外誅求，番不聊生。更有各衙門差役兵廝經過番社，輒向通事勒令土番撥應牛車，駕駛往來。致令僕僕道途，疲於奔命；妨其捕鹿，誤乃耕耘。因而啼饑呼寒，大半鶉衣鵠面」，頁249。

❽ 陳夢林、周鍾瑄編撰的《諸羅縣志》便提及：「通事以社之大小為多寡自百金而倍蓰之，曰花紅。……每年各社產脂麻之處，官採買而短其價；或發鹽計口分番而勒以食貴。又各社歲派鹿筋鹿茸、鹿皮豹皮若干，於是官以通事為納賄之門，通事得供官為科索之路；而土番之絲粒出入無不操縱其手」，頁103。

❾ 黃叔璥《臺海使槎錄》：「郡縣有財力者，認辦社課，名曰社商。社商又委通事、夥長輩，使居社中。凡番一粒一毫，皆有籍稽之。射得麋鹿，盡取其肉為脯，并取其皮；二者輸賦有餘。然朘削無厭，視所有不異己物。平時事無巨細，悉呼男婦孩稚供役；且納番婦為妻妾，有求必與，有過必撻」，頁163。

少。❿

　　乾隆三十三年 (1768) 要另徵小米為稅，每石折銀六錢。
「番人」將鹿皮及小米交由社商包辦，社商趁此機會剝削「番
社」。由於「番人」不懂漢人的文字，必須由通事代為處理土
地事宜，所以常發生通事假「課餉」之名、行侵佔「番地」
之實的情形。以康熙五十八年 (1719) 阿里山「生番」為名所
立的契約為例：

> 立合約人阿里山土官阿貓里，因本社餉課繁重，無可出辦，
> 將本社界內番仔潭草地一所並埔林，東至坑頭，西至大溪，
> 南至雙圈潭，北至牛坑崙水流內，四至明白為界，將草地
> 付與吳宅，前去招佃，築坡開墾。每年公議，納租三十石，
> 貼本社餉銀。收成之日，車運到社交納，務要經風扇淨。
> 其築坡開圳工費，欲贖之日，估價清還。凡招佃之人，須
> 當誠實不得容匪，此係二比甘愿，各無抑勒，今欲有憑，
> 親立合約一紙付執為照。
>
> 　　　　　知見人夥長　　　　吳鳳
> 　　　　　立合約人阿里山土官　阿貓里
> 　　　　　代書人夥計　　　　黃勒
> 　　　　　　　　康熙伍拾捌年參月❶

---

❿　同上引書，「呼男婦孩稚供役，直如奴隸，甚至略賣；或納番女為
　　妻妾，以至番民老而無妻，各社戶口日就衰微」，頁170。

國家的統治律法透過文字規範原住民，改變既有的社會關係。從上面的文獻資料可知，當時阿里山的頭目之一 Avai，因為社餉非常繁重，不得已將土地交付給吳鳳。由吳鳳去「招佃」，約定每年須納三十石，以補貼阿里山社該交之「社餉」。但是，當時臺灣往往因社商、通事、夥長、官兵的剝削，導致「生番」忍無可忍憤而殺害通事的現象。比方說，康熙六十年 (1721) 發生朱一貴之亂，北路的「生番」阿里山及水沙連各社，就出現了「趁隙殺通事」的情形，文獻記載「康熙六十年，阿里山、水沙連各社乘亂殺通事以叛」。❷ 經過諸羅縣令孫魯多方招徠，兼施「威」與「利」；一方面示以兵威火炮，另一方面賞予煙、布、銀牌。根據黃叔璥的描述，歷經一年招撫之後，1772 年的 12 月，阿里山各社的頭目冊落 (Mo'o) 與水沙連社南港的頭目阿籠才真正「就撫」。❸ 事實上，通事被殺的情形並不只有一次，而 1769 年的「吳鳳之死」更呈現出史實詮釋的差異性。

吳鳳在五歲時隨父母前來臺灣。由於吳父常與阿里山鄒人進行貿易，兼行開墾事業，吳鳳常跟他出入鄒人之地，熟悉鄒人的語言與習俗。1722 年，吳鳳受諸羅知縣孫魯委任，擔任阿里山通事，管轄的阿里山鄒人屬歸化「生番」；兼管「番課」、漢「番」之間貿易與漢人移墾等事宜。吳鳳擔任通事的

---

❶ 伊能嘉矩 (1958–1991：679–680)。

❷ 黃叔璥，《臺海使槎錄》，頁 123。

❸ 同上書，頁 123。

時期長達四十八年，之前曾任「夥長」數年。1769 年，吳鳳死於沙米其（今山美村）鄒人杜氏 (Tosuku) 之手。

　　鄒人殺死吳鳳後，鄒地持續地發生種種怪異現象，傳說阿里山鄒人數年「不敢出草」。這種情形對於毗鄰而居之漢人或平埔可說是一大福音；因為，異族多畏懼極為剽悍的阿里山鄒人，「阿里山離縣治十里許，山廣而深峻。番剽悍，諸羅山、哆囉嘓諸番皆畏之；遇諸塗趨引避匿」。❹ 因此，吳鳳之死庇蔭了「中路以西」的漢人居民，他們非常地感懷吳鳳。漢人依據其文化規則，將吳鳳神格化為「吳鳳公」和「阿里山忠王」，或建廟祭祀，或供奉於家中，定時舉行祭拜儀式。

　　漢人與阿里山鄒人之間有一段相安無事之時期，並不表示阿里山鄒人不再「出草」以求力保其日益縮減的領地。即使在沈葆楨來臺進行「開山撫番」至光緒年間，還不斷傳出有阿里山鄒人的「殺人事件」。舉例而言，1884 年豬母勝（特富野）社的土目摩魯，率「番丁」至柑仔宅庄，殺匪首陳文英與其部下九人。❺ 歷經百餘年的經營之後，清政府對於叛亂的「土番」仍威利兼施。因此，該次豬母勝社的殺人行為，嘉義縣官的作法是：「嘉義縣官邱峻南賞之布、咭吱衣服及豬、酒、糖、鹽等物品」，❻ 也就是賞與布及衣服，外加民生必需品來籠絡他們。1887 年，又有（南鄒）簡仔霧「社番」殺害

---

❹　陳夢林、周鍾瑄，《諸羅縣志》，頁 173。

❺　溫吉 (1957：576)

❻　同上書，頁 576。

草山庄民，「光緒十三年時簡仔霧社番出，殺害草山庄六名庄民。嘉義知縣張星鐔令通事葉陽春帶銃收押六個月後，因有悔改之意，而令其返」。❼

　　1904年，臺灣總督府民政長官後藤新平至阿里山鄒族聚落視察，聽聞吳鳳傳說後，特地寫一首詩，紀念吳鳳的事蹟，還派人調查相關事宜寫成報告，造就了日後通行臺灣的「成仁取義感化鄒人獵頭風俗」的「吳鳳神話」。光復後，吳鳳更成為當時臺灣省政府極力讚揚的「公務員表率」。臺灣製片廠出品、第一部日本人協助拍攝的彩色片，即是「吳鳳」(1963)。遍布臺灣的符號，如教科書中「成仁取義」的吳鳳故事、❽「吳鳳銅像」、「吳鳳廟」、「吳鳳園區」、「吳鳳南北路」、「吳鳳工專」、「阿里山吳鳳賓館」、「吳鳳柿」、「吳鳳鑰匙店」……以及「阿里山忠王」吳鳳神像，不斷地將「野蠻的鄒人」加以顯明化。

　　沒有文字記載的鄒人口述歷史，與漢人對於吳鳳事件的看法有極大的差異。對於鄒人而言，吳鳳之死肇因於做為通事者對鄒人不當的經濟剝削而來的報復性殺戮行為。吳鳳死後，嘉南平原及山區因外來移民增加，不斷有天花、瘧疾、鼠疫等惡疾流行，鄒人大量死亡。素有巫術信仰的鄒人，認為巫師無法治療的兇猛疾疫，無疑是死後的「吳鳳之靈」作祟，因此鄒人不再到目前「阿里山公路以西」獵頭。吳鳳事

❼　同上書，頁576。
❽　參見陳其南(1980)；李亦園(1992)。

件之後，鄒族主要的敵對對象已減除漢人，而以布農族為主
了。如同其他社會事實，吳鳳事件並非單純由外力造成，其
對鄒人的影響更來自於文化內在對超自然力量的認知。

　　乾隆五十二年 (1787) 林爽文反清，大將軍福康安曾令阿
里山通事黃彥率歸附「生番」守禦阿里山。當時，阿里山特
富野社頭目毛魯桃拉等功績頗多，因此在林爽文事件平定之
後 (1788)，曾任署理臺灣知府事之楊紹裘奉旨引率這些頭目
等人入覲京師。這些成員中屬於阿里山者計有十八人、南投
縣水沙連十二人；入京之後，一共「賜謁七次、賞宴十次」，
給與「朝服」等物，且由福建巡撫授與「銀牌」，觀光逾年而
歸。❿這是阿里山鄒族與外界（尤其是清人）首度「正式地」
接觸到彼此的文化。當然，阿里山鄒族在與清水所設之賟社
與社商的接觸之下，至少在光緒元年即已擁有由外傳入的銃
器。其獲得武器方式有三，其一是漢民私入「番」界伐木抽
籐或採樟腦墾地，原住民向他們要求銃器；其二因銃器利大，
而有社商違禁偷運入販；其三則是佩銃入山之漢民遭殺戮，
銃器被奪。其中當以第二種為最多，而且可能在乾隆中葉即
已傳入臺灣山地。❷但是，火器的傳入對傳統社會結構以及
權力秩序並未造成重大影響。

　　林爽文事件平定後，清廷依福康安之奏在臺灣山地設置
「屯防」，阿里山社於乾隆五十六年 (1791) 被納入當時南北路

❿　溫吉 (1957：171–172)。
❷　同上書，頁 296。

屯防中之北路的「柴裡小屯」內。❷但是這種「屯政」，並未見真正施行貫徹，❷所以亦未發揮預期的功能。

清代的阿里山鄒族，又以課徵和租稅與平地政府及人民產生關聯。前者，阿里山鄒族需由「社商」代行徵取其所得之鹿皮做為「番餉」。康熙與雍正年間，阿里山八社與崇爻八社共需「輸餉銀百五十五兩三錢三分二厘」，乾隆二年之後，即改徵「三十四兩四錢」，當時的（男）丁（女）口共計一百七十二人。❷後者，則居於阿里山鄒族原居地的漢人，需納租給鄒人。例如，光緒年間，支給阿里山上四社總頭目銀、黑布、漢式衫褲、鹽、砂糖、酒肉等折銀與實物，交給上述錢貨時，又招待各社宴飲。❷

林爽文事件的 1787 年前後，清廷已掌握了特富野社頭目，似也掌握了鄒族，也因此鄒族在乾隆年間即已成為名符其實的「歸化生番」。

第二節　日本人與阿里山鄒族

鄒與清的關係、對吳鳳之靈的畏懼、重大疾疫造成部落萎縮及社會組成方式維持不變，使得日人可以有機會和鄒族

---

❷　同上書，頁 348。

❷　同上書，頁 362–366。

❷　同上書，頁 402–409。

❷　同上書，頁 454–456。

建立和諧關係，而這種關係更因與鄒族的文化價值和社會結構互相配合而得以更形確定。

甲午戰爭之後的〈馬關條約〉，使臺灣地區的住民，步入一個由傳統社會邁向當代世界體系的轉變時期。其中，「理番工作五年計畫」將鄒族納入國家體制之中。日人認為生活在臺灣山地的「番人」「在生活方式上自外於臺灣人社會，因此（日本）總督府對彼等的統治，不論在討伐上或行政上均採取一種完全不同的對策」，❷❺為促使「番人」「近代化」，並以強制的手段要求他們徹底改變生活方式，因此其「理番工作」便由「討伐反抗、撫育、增產」等幾個方面同時並行。❷❻一般將日人的「理番」工作分為四個時期：❷❼

第一期為日人據臺後至 1902 年止。由於這個時期臺灣各地漢人抗日軍蜂起，日人無暇顧及山地，因此主要的工作在於懷柔。例如，尋找「番人代表」送至臺北甚至日本招待，並且對山地生活習慣與社會經濟狀況加以調查。第二期為 1903 年至 1909 年，其時平地的討伐日漸平定，對於山地的理番工作也進入了討伐時期。這個階段雖然仍舊保持懷柔政策，但已更進一步直接派遣日人至山地接觸，漸改為威力鎮壓為主的政策；這個政策最具體的表現，就是強化並擴張隘勇線。1910 年邁入第三階段，開始施行「理番工作五年計畫」，

---

❷❺　喜安幸夫 (1981：156)。

❷❻　同上書，頁 156。

❷❼　參見溫吉 (1957)；喜安幸夫 (1981)。

其主要方針即是對於「番人」「徹底膺懲與解除武裝」。「理番工作五年計畫」間，屬行對隘勇線嚴加警備，對「番人」屬行賞罰，振肅「番務」官吏的紀律，徹底扣押「番人」銃器，取締火藥原料的走私，對「番地」的開發採取漸進主義，密切注意民「番」的接觸等各事項。漢人社會稍事平定、實施「理番」計畫之後，原住民社會被納入近代國家體系。第四期是自 1915 年至霧社事件發生的 1930 年，這一時期中「理番」政策主要有五項：普及簡易教育，以使「番人」適應（現代生活）；舉辦都市觀光及其他社會教育；獎勵適於「番人」的事業；改善以物易物的交換制度；充實「番人」患者醫療設施。其教育政策主要在於「授受技術工作」如醫師、教員、警察、護士等，在生產方面則是推廣水田工作，並設立「番地」交易所以改善物品交換制度。

　　簡言之，在理番工作五年計畫下，臺灣原住民社會被納入國家行政體系之中，包括鄒族等行之有年的「出草」獵頭習慣，也在政府力量管制下完全消失。計畫之後，積極實施下列工作：推行「番人」實用的簡易教育，都市觀光及社會教化，獎勵產業，改進物品交換制度，為「番人」施療，對頭目支給津貼，貸與狩獵用的槍器彈藥等。❷❽

　　相對於日本政府在泰雅族所遭受的抵抗，日人入據阿里山鄒族大社一直未曾與鄒人有過衝突，其主要原因有二。首先，可能因鄒人在傳說上的支持，認為日人是洪水退後下山，

❷❽　溫吉 (1957：730–731)。

折箭為信物後，與鄒人分散的兄弟族 Maya；其次，更可能是由於日人初至阿里山，即與特富野社頭目所派出代表——樂野小社頭人 Uongu-e-Peongsi，相遇於途、有所磋商，因此鄒族對日人的入社未排斥。約在清光緒二十六年 (1900) 左右，達邦大社已是日人辦務署下所成立的派出所所在地之一。❷❾ 1896 年 6 月臺灣各地設置撫墾署時，達邦與特富野屬林杞埔撫墾署所管轄；1898 年 6 月廢辦務署改設廳，所屬大社維持不變。❸⓿

　　阿里山鄒族在日人初據臺灣時，「總頭目」Uongu 在 1895 年 6 月曾率領六十餘名族人前往雲林民政部出張所「表明願意歸順」。1897 年，Uongu 與副頭目 Mo'o 都被林杞埔撫墾署選出，與其他臺灣「番人」頭目一起前往日本長崎、東京等地觀光。除了 1897 年 12 月與 1898 年 12 月，達邦社曾兩度「出草」、向鄒人宿敵 Isbukunu (布農) 復仇而產生衝突之外，鄒人恪遵日人法令，未曾與布農族正面交手。甚至在 1898 年抗日軍三面圍攻後大埔時，Uongu 接到警戒「番界」之命令，將百餘名「番人」壯丁分據三處要塞，經由辦務署員指揮，一星期內便達成警戒「番界」目的，完成交付任務。

　　1899 年，特富野大社二名鄒人 Avai-e-Yatauyongana、Uongu-e-Yaisikana，至嘉義辦務署，說明願意永遠在嘉義接受教育。他們由日文字母開始學習，日人訝異於其「成績竟

---

❷❾　岡田信興 (1905：467)；溫吉 (1957：686-687)。
❸⓿　岡田信興 (1905：374)。

意外良好」，因此六個月後進入嘉義公學校。之後，達邦大社亦因此而另外有二名志願者前來學習日文。Avai 後來服務於達邦社派出所，並晉陞為巡查補；Uongu 後來則調派於警察服務隊，1903 年戰死於與漢人抗日軍的戰事中；達邦二人則因事退學。1900 年，曾在嘉義接受「試驗性教育」之 Avai-e-Yatauyongana，接受日本政府的安排前往日本神戶、仙台等地觀光，回來舉辦「部落談話會」。同年，達邦大社設鹿造派出所，駐有主計一名，專任鄒人「不當之土地工作的取締、對病患施與藥物」，並且選出「番童」教授日語。1901 年，Avai 不但協助日人針對抗日軍實施警戒工作，並曾參與搜索各地抗日軍。1903 年 4 月開始，臺灣「番人」事務由總務課主管改為警務課主管，鄒地增加三名巡查執行勤務。

　　日人據臺之後，臺灣的「番童」教育分成兩個系統，一為文教局所屬的日語傳習所或公學校，另一為警務局所屬的教育所。從 1904 年起，各地逐漸設置「番童教育所」，11 月 4 日嘉義廳下之達邦警察派出所，收容鄒族兒童集中教育。其後，1908 年日人更訂定「番務」官吏駐在所之「番童」教育標準，其六項工作大要如下：學生以通學為原則，視地方情形，得收寄宿生。教育主要目的在於導引原住民之日本化，學術屬於次要。教育用具以官費設置，必要時貸與備用品，並發給消耗品類。通學生之午餐及寄宿生食費由官費開支，膳具及寢具由官方貸與。授業日數每月約計二十日，星期日及依「番社」舊慣之祭祀日放假。授課時間每日約計五小時，

而其二分之一以上定為耕作、手工藝。❸ 這些臺灣「番童」
在接受教育後，除依原有生計方式工作之外，亦有部分人士
轉為公職。

　　日人為使社會教育收效，除了進行兒童教育，各州廳獎
勵設置「自助機關」；其施行方式是利用多次的會員集會，由
警察人員從事社會啟蒙工作。當時的「自助機關」包括：頭
目勢力者會、家長會、自治會、婦女會、處女會、青年會、
同學會、父兄會、日語講習會與夜學會等數類。其中牽涉地
方政治最密切者為自治會。自治會組織分為會長與組長兩層，
下為各戶人家。最晚近的自治會組織，達邦與特富野合為同
一會，以 Yusungu-e-Yatauyongana 為會長。特富野社的四個
組長分別為 Pasuya-e-Mukunana、Yapasuyongu-e-Voyovana、
Avai-e-Tututsana、 Avai-e-Yatauyongana； 達邦社的三個組長
則是 Pasuya-e-Noatsatsiana、Avai-e-Tapangu、Mo'o-e-Yasiyun-
gu。

第三節　國民政府時期

　　1945 年 10 月 24 日，達邦社 Uongu-e-Yatauyongana（漢
名高一生）率眾步行下山，訪問嘉義市政籌備處，請編為「三
民主義青年團」團員，除了接受籌備處日後將指導的一切事
宜之外，並被委請協助山內治安。11 月 3 日，Uongu 第二次

❸　溫吉 (1957 : 824–825)。

率眾下山至嘉義參觀光復後景象，籌備處除要求其從事山地治安之維持外，並飭令民眾將藏匿之日軍所轉讓武器彈藥儘速繳出；同月 11 日，Uongu 與 Mo'o-e-Yasiyungu 二人便引領山地民眾，將所隱藏的武器悉數繳出。而 Uongu 除代表參加 10 月 25 日在嘉義中山堂召開之「慶祝光復大會」，並於 12 月 12 日與各代表率領族人，參加「軍民聯歡大會」，成為鄒族光復後對內的領袖、對外的代表。但是，這些人雖然藉由外在力量獲得權力、創造新的領導地位，卻因後來遭遇二二八事件，不但使得集中於傳統家族的政治菁英喪失，外來強大的壓力更讓傳統社會結構和文化價值的強化，轉而塑模出另一類的政治菁英。另一方面，因國府行政體系的介入，擢才方式有異於傳統，使內在社會權力結構及其關係之運作有了動態的現象。

民國三十九年 (1950) 開始實施地方自治。在各項政策的施行之下，達邦與特富野在地域上納入同一村治，不但以與傳統不同的人才徵集方式產生與傳統社會迥異的職位及責任，也組成各種不同的政治團體，轉變傳統社會政治結構與運作過程，也使傳統的社會結構與文化價值被凸顯出來，以之做為對外適應的方法。例如傳統社會地位較高的家族，由於其與外在溝通接觸的機會較多、較有利，使得大社會的政治經濟利益較容易被他們取得。但是另一方面，傳統社會地位較低的家族，也開始利用考試來達成其向上層社會流動的目的，這種情況在警員及教員的身分上特別明顯。

圖4　鄒族男子（中為達邦頭目）

　　民國三十五年嘉義縣依據臺灣省政府長官公署公布之「臺灣省鄉鎮公所組織規程」，分別成立鄉鎮公所，阿里山鄒族納入「吳鳳鄉」，達邦與特富野兩大社合併為達邦村。首任鄉長即 Uongu-e-Yatauyongana（高一生），村長為 Yusungu-e-Yatauyongana。至此，村成為地方自治的最小單位。原有小社因行政區劃的施行亦取得了與原大社相同的政治社會地位（如山美村與達邦村），然而由於鄒族強固的大社中心主義價值，配合原有傳統的親屬制度和宗教儀式的舉行（如小米祭典的種小米祭、收穫祭，如戰祭等），以及擁有現代行政體系中心的鄉公所，使得達邦與特富野的地位依然超越其他村落之上；而十餘位歷任的鄉長中，也只有兩位是產生於小社的成員。

　　但是這個時期，高職位領導人物的拔擢，往往受到外來

勢力（如國民黨）的掌握，使得與外在勢力結合較好者，一直能持續地轉任各項如鄉長、縣議員、鄉公所秘書等之高職。而由於與外在社會較早進行密切主動接觸的結果，特富野任公職人員的比例較達邦為高。鄉公所設於達邦，達邦社的長老及其家族依然掌握傳統的事務如農事祭儀與對外的 *mayasvi* 儀式的權力，經濟生產方式以農作為主要收入；相對而言，特富野社居民的影響力則伸展在當代的行政、教育、醫療、警政系統之上。其後，國民政府陸續公布各種法令與政策。其對於臺灣原住民社會以「山地平地化」為主要目標，而以政策之介入施行為主要手段；政策之介入使得原有社會地位較高者，得以運用既有的資源做為經濟活動的基礎，造就出適應外在大社會經濟需求的企業家。

1910 年，日人為了開發阿里山大森林，建築阿里山鐵路，開啟了達邦與特富野對外交通之門。當時由石卓經樂野到達邦的公路猶未開築，到達邦最便捷的道路是由十字路車站下火車往南走經巴沙那 (Basana)、特富野到達邦。從達邦至十字路的路程約八公里，步行約需二個半小時至三小時。1976年左右開始通行嘉義縣客運車，每天一班對開，沿著大華公路至石卓轉達邦產業道路，其間亦行野雞遊覽車，由嘉義至達邦通常約需三個半小時左右車程，然而在雨季期間則經常因山崩而停駛。1980 年 10 月阿里山公路通車之後，嘉義縣番路鄉觸口村才有車直達石卓。其時石卓到達邦雖無柏油道路，然已拓寬為縣道，班車亦改為每日嘉義與達邦三班車對

開。同年 12 月，由達邦鋪設五公里柏油，1982 年開始全線
鋪瀝青柏油路面，1983 年鋪設柏油高級路面，1984 年 10 月
鋪完樂野到石卓段道路。由以上資料可見達邦與外在世界的
接觸可分為兩個階段，第一個階段即日治 1910 年至 1976 年
公路通車之前，第二個階段則是 1976 年公車通行之後，這個
階段人口的外移情況明顯增加。此外，1946 年鄉公所成立之
後，平地人所帶入的影響亦隨公務員與平地商人的遷入而增
加。西洋宗教也在此時進入達邦社與特富野社。

　　相對於西洋宗教藉神聖的宗教信仰與儀式，以及世俗化
社會活動的參與造成社會活動力，現代行政體系與市場經濟
體系亦介入傳統社會之發展過程。前者，藉由政策的行使與
漢文化的擢才方式（例如各種考試），使傳統社會與大社會加
速結合；後者，則因市場經濟所產生之生產、消費、分配等
過程，創造新的衝突與競爭形式，社會階層也更加地明顯化。
而政治衝突事件更對達邦與特富野大社造成極大的影響。

　　1947 年，捲入「二二八」政治事件的鄒族四十餘人，因
繳械自首而未釀成重大事端；然而，卻又因 1950 年左右鄉與
村內傳統社會地位較高者，涉入當時的「非法事件」，導致如
原鄉長 Yatauyongana 氏（高一生）、樂野的高階軍官
Yudunana 氏（湯守仁）、達邦警察 Peongsi 氏（汪清山）、Tapan-
gu 氏（方義仲）等被處死刑，樂野 Mukunana（武義德）、來
吉醫生 Tosuku（杜孝生）被判長期監禁。這個事件不但使得
原有的政治菁英折損，他們的後代大半喪失獲取政治行政地

位的機會，而轉向其他社會事務發展，也造成阿里山鄒族形成一種特殊的「歷史事件的威脅意識」：他們往往以過去的政治事件，做為解釋鄉內各現象與自身遭遇困難的原因，且極力避免參與政治。此外，外在勢力與某些政治掮客結合，使得鄒之傳統社會結構與文化價值更形穩固，相對地對鄒的政治體系產生穩定的維繫作用。這種情形更凸顯出鄒族一直保持戰祭 *mayasvi* 儀式且近年更形擴大舉行的意義。

第四節　結　語

與國家體系接觸以來，鄒族完整且廣大的領域呈現「分化且遞減」的過程。由於疾病導致大量人口死亡以及國家行政系統規劃的影響，北鄒的魯富都群劃入南投縣治信義鄉，而特富野群與達邦群則合為阿里山鄉；傳統大社和小社聯合的四個部落已減少為兩個。

目前的鄒人都憂慮領域的微小化，也擔心傳統文化的流失、社會組織漸形瓦解。1995 年 2 月，特富野社舉行戰祭 *mayasvi*，鄒族知識分子參與系統規劃儀式過程，並通過嚴肅而帶有神秘的威脅性語詞和空間區隔，以強調各種文化規範與因之而來鄒族的「獨特性」和「一體性」。遠從南投和高雄縣而來、被當代行政體系隔絕的南鄒，雖然並沒有得到深厚的神話傳說支持，卻在臺灣目前原住民追求文化主體性的過程中，確立鄒的族群意識；被異族分離的族人，通過戰祭

圖 5　*mayasvi* 儀式中的男子

mayasvi 象徵性地整合。戰祭 *mayasvi* 參與現代「正統鄒文化」的重構；而小米收穫儀式 *homeyaya* 則更確定了鄒的血緣規範，因此近年鄒也極為重視民族和氏族關係的重建與強調。這種「文化重構」的方式是整個臺灣泛原住民運動的一環。而其因文化重構而導致社會關係細膩的互動，更因歷史因素，而凸顯出其獨特性。

　　文字的書寫系統體現鄒文化中的歷史性，而文字及其隱含的力量參與集體記憶的建構，也改變鄒的社會關係。正如衛惠林曾指出的：「曹族（鄒）為一熱心保持其歷史傳承的民族。」❸神話與傳說、聚落遷移的集體記憶，在儀式的舉行中都有其明顯的地位。過去以及集體記憶持續地影響當前的鄒

人。在部落性宗教儀式 *mayasvi* 的重要環節之一 *tu'e* 時，藉由地名敘述，一個接連一個，在集體脈絡之中喚起共同的情感。❸

　　人必須接受過去的指導，必須呼應集體記憶之觀念，不但呈現在神話傳說、儀式的整體論述過程，例如，鄒族神話的自然史，往往以神造人、洪水、避難玉山、氏族遷移、部落建立、民族英雄的依序出現為「正確的順序」；也見之於受政治歷史影響的當代生活，例如，清代的「吳鳳事件」、接納日本統治、與國府時期的「二二八事件」、五〇年代的「白色恐怖」等都是。獨特的時間觀念更建構出一種「備受歷史事件威脅意識」，做為理解鄉內各種現象以及自身所遭遇困難的原因。這些社會事實將在本書第四章討論。

---

❸　參見 Halbwachs (1992)。

第三章
作物、交換與市場

鄒人的經濟表現不只受國家政策的影響，也是一個獨特的社會文化建構的結果。不同的產業與生產方式，分別在不同的年代被引進不同的聚落，某些鄒地 (Tsou land) 的景觀 (lanscape) 也持續地被計畫性地安排，而大社 (*hosa*) 與小社 (*denohyu*) 二者既對立又諧和的二元同心圓式的組成方式，以及重視起源和中心的社會關係與價值觀，都在各種複雜的、重疊的、斷裂的秩序之經濟活動中扮演不同的角色。❶

第一節　生產方式與作物的變遷

過去鄒人的經濟活動行山田燒墾，主食是小米和甘薯等，獸肉、魚類則為輔助食物。鄒人對狩獵與漁獲都顯示出極大的興趣。土地為部落或氏族所有，河流亦分段掌理，個人只有使用權。工藝創作與生產的主要目的在於自用，除了自己生產所得與共享性的分配所得之外，餽贈及以物易物是得到非自產必需品的另一種方式。鄒人的基本社會與經濟單位為

---

❶　參見 Appadurai (1998：32)。本章資料參見陳計堯、王嵩山 (2001：329–383)。

世系群，藉此產生由親友關係結合而成的「輪工」生產關係（yiusuzu）。財富累積方式及其運用途徑，使得在大社的宗家，部落內的領袖氏族之領導者，可以擁有較有利的經濟支持，發展其領導權。藉由以世系群組織為主的生產關係及生產力運用，初步的形成財富累積，並執行權力或影響力以維持體系的運作。這方面又有賴於大小社的階序關係，以及氏族內在分支結構原則的支持。

　　十七世紀到十八世紀初，鄒人的活動幅員比現在更廣。獵場（hupa）的極限便是鄒族領地的範圍。康熙二十二年，鄭氏降清，臺灣西岸平原納入清帝國版圖。康熙三十四年，阿里山社的幾個「部落」包括踏枋、鹿楮、唭囉婆、盧麻產、干仔務等都向清政府納餉。

　　根據《番俗六考》的記載，「北路諸羅番七」的耕種活動為「山田燒墾」式，人們藉燃燒植物後所產生的灰燼使土地獲得養分。當時所種植的種類開始於何時不得而知，不過糧食中有「麥、豆、芋、薯」等幾個種類，則是可以確定的。也有人指出，荷蘭時代的早期拓殖者，便曾在臺南平原栽種「甘薯」；❷而清代初期，曾在全國推廣種植從美洲引進的地瓜（即「薯」或「甘薯」），甚至有臺灣沿海種薯的記載。❸

---

❷ 中村孝志 (1997–2002)，《荷蘭時代臺灣史研究》上卷〈概說‧產業〉，吳密察、翁佳音、許賢瑤編，頁 56。

❸ 有關清代甘薯在中國的推廣，可見郭松義 (1986)，〈玉米、番薯在中國傳播中的一些問題〉，載於《清史論叢》，第七輯，頁 80–114。

他們的食用品（例如酒和鹽）都各有其來源。酒能自釀，而鹽則由外引進。「北路諸羅番七」的衣著，基本上也是來自自有的材料（鹿皮從狩獵而得），布則透過手工自行織造。用來裝飾的「珠鏈」明顯地是從外面（主要是「漢人」）引進的。「北路諸羅番七」最重要的經濟活動便是狩獵與交易。狩獵之所以為經濟活動，除了如上所載鹿皮的取得做為衣服之外，更有如黃叔璥所指出的以「鹿脯、通草、水滕諸物」，順流而下與「漢人互市」的交易行為。❹過去鄒人傳統中並沒有「蟒甲」一類的獨木舟，對外交通以走路及涉水為主，鹿脯或水滕等，或許是透過與其他聚落的交易而運出。

　　當時，包括鄒人在內的「北路諸羅番七」，在經濟上（尤其是糧食的生產與肉類的取得）都可謂自給自足，且多取諸自然。除了食鹽、珠飾等之外，其他多種的生活物品都並不依賴外地引進。相反地，是漢人很需要「番貨」，因此常見「漢人亦用蟒甲載貨以入，灘流迅急，船多覆溺破碎；雖利可倍蓰，必通事熟於地理，乃敢孤注一擲」的情形。❺如前所言，那些參與、甚至主導交易活動的漢人，有許多是清政府派往原住民聚落的「通事」。

北京：中華書局。關於番薯在臺灣的栽種，見中國社會科學院歷史研究所清史研究室編 (1989)，《清史資料》，第七輯，頁 384–389。

❹　「各社夏秋划蟒甲，載鹿脯、通草、水滕諸物，順流出近社，與漢人互市。」黃叔璥，《臺海使槎錄》，頁 121。

❺　同上書，頁 121。

　　自清康熙末以降的一百多年，鄒人社會經濟變遷的狀況不明。但是，有兩項新的發展是可以肯定的。第一，是新武器（火器）的引進。「火器」可能是在乾隆年間透過私入「番界」伐木抽籐或採樟腦墾地的漢人，或透過社商偷運而轉到鄒人的手上。雖然火器的傳入對傳統權力秩序似未造成重大影響，但可以證明鄒人與外界（尤其是漢人）開始有更頻繁的接觸。第二項重要的發展，則是漢人開墾者不斷的移入。他們進入鄒人領地的時間，至遲應該在清初的康熙五十八年(1719) 左右。例如，當時曾經有「阿里山土官阿貓里」❻ 與入界開墾的漢人訂定契約。❼ 契約中載明「納租三十石」，指的便是「阿里山社番租」。❽ 乾隆以後，漢人「入界開墾」之事續有所聞。例如，道光十二年便有通事「招佃開墾」，並向阿里山社納「大租❾穀二斗滿」之事。❿ 到了「開山撫番」

---

❻　「阿貓里」為鄒男子名 "Avai" 之音譯。

❼　參見本書，頁 17。

❽　松田吉郎 (2001 : 173–224)。

❾　大租……「立給開墾單字 阿里山通事吳安祿，有阿里山番界內山埔一處，坐落土明南靖寮過坑，東至羅家大淪為界，西至沈家山崁為界，南至沈家山崁為界，北至田家大崙頂為界，四至界址踏明。今因莊佃人楊承觀出首向墾，自備工力開墾種作，栽種果子、竹木，永為己業，逐年定納阿里山大租穀二斗滿。其界址內餘有別佃，不得爭開。口恐無憑，合給墾單字一紙，付執永為存照。道光十二年正月　日　立給開墾單字人副通事 吳安祿」。

❿　臺灣銀行經濟研究室編 (1963 : 422–423)。

時代的光緒年間，阿里山「番社」與「番租」均由雲林撫墾局管理，特別是「番租」由撫墾局徵收之後再以「減四留六」之法分配租稅。也就是把六成「番租」交付鄒人，四成由撫墾局管理使用。❶這種對聚落產生明顯影響的佃租行為延續到近代，例如接近平地的樂野村 (Lalauya) 便是。

　　清代漢人開墾活動的初步結果，即是在鄒人的領地上栽種新的作物。如前引道光十二年之契約所記載「果子」、「竹木」的栽種；光緒年間之墾戶，更在阿里山下的山溪地區，栽種「檳榔、龍眼、芋仔、菁仔、紅柿」等新的作物都是。❷此外，前引由撫墾局交與鄒人的「番租」之中，也包括現銀「一百六十兩、黑布四十四至五十匹、漢式衫褲、鹽及糖等等」。這些物品除透過「納租」的方式進入鄒人的聚落生活外，從日常交易而獲得的生活物品也不在少數。❸一些原來由鄒人自造、自織的生活用品，漸漸由這些外來的交易品所取代。例如「番布」的生產正是一例。根據衛惠林、林衡立等人的調查，到了日本治理的 1920 年代初期，做為鄒族社會中心的

---

❶　伊能嘉矩 (1985–1991：356)。

❷　據衛惠林描述，「檳榔乃阿里山地區極少見之植物，鄒人亦無嚼檳榔的習慣」。參見衛惠林等 (1952：79)。

❸　清初鹽為「北路諸羅番七」的重要交易品。清末因官辦臺灣鹽政，官鹽價昂，以致私鹽極盛。故私鹽也有可能進入山上的聚落。唯有關鄒人者則未詳。有關晚清臺灣鹽政，參見井出季和太 (1977)，《日據下之臺政》，第一冊，頁 188–190。

達邦社及特富野社，「尚有一二婦女知紡織術」。❶

　　漢人的租佃行為與開墾活動，是日後漢人往山上開墾的伏線。根據衛惠林、林衡立等的資料，鄒人在日治來臨前後的傳統經濟活動，與見之於《番俗六考》所載的內容大致相同，主要是狩獵、捕魚及耕種。狩獵的對象有鹿、山豬、山羊等；而各社各自有其獵區 (hupa)，由各社之男子利用武器射獵、或設陷阱捕捉。狩獵時往往伴以宗教儀式。捕魚的種類很多，各聚落亦有漁區之分，女子也可以參與；而捕魚的辦法從「刺」、「堰」、「涸」、「釣」、「毒」到晚近的「網」魚、「電」魚都有。至於農業作物主要為小米、薯及芋等，均適合土地狹小、少水的地方栽種。耕種技術為焚耕與鍬耕（亦即「刀耕火種」或「山田燒墾」），應用「輪耕」及「休田法」讓農地避免過度地使用、並可以自然地恢復養分。這些經濟活動均受到高山地區的水源、雨量及季節等影響，有其一定的作業流程，並有一定的禁忌和儀式加以制約，成為傳統生活的時間表。上述的小米、薯及芋頭等作物成為鄒人的傳統食糧，副以漁獲或獸肉。日治來臨前後，鄒人經濟活動主要是取諸自然、自給自足。

第二節　殖民政府與鄒地新事業的展開

　　在即將邁入二十世紀時 (1896)，日本的臺灣總督府承襲

❶　衛惠林等 (1952：71)。

晚清「撫墾局」舊制，在各地置十一處撫墾署。北鄒的主要聚落（達邦社和特富野社）及其附屬小聚落同被編入林杞埔撫墾署的轄下，南鄒則由番薯寮撫墾署管轄。其後雖廢「撫墾署」而置廳，但大致上傳統大社的統屬關係並沒有改變。當代的鄒人行政區域也在鄒人的核心地帶形成。整個阿里山地區就在總督府所劃定的「番界」範圍內，山上人與物的流動都受到極其嚴格的警務管制。交易活動由警察機關管制，其後演變成為「交易所」制度。日本臺灣總督府又透過「林野調查」及立法，把山地資源列為國有，其範圍包括鄒人做為獵區的「林場」及做為聚落及耕地的「番地」。雖然臺灣總督府仍然容許原住民使用林場為獵區、保留地做耕地，但土地的所有權則由國家擁有、不得私自買賣，建立了「山地國有」的體制。日治時代的新事業包括：林業（伐木與造林）、觀光事業與水田稻作積極的推廣，奠定了往後數十年鄒人的經濟發展與結構。

1. 林業、景觀與消費

　　鄒人地區最早的新事業是森林事業。1896 年，臺灣總督府殖產部林務課雖即開始制訂土地調查規則，但阿里山地區的林野要到 1900 年經過臺南縣技師勘察，發現清水溪上游極具經濟價值之原始檜木林之後才積極地開展。經過多次臺灣總督府官員與專家的調查、勘察，總督府遂於 1902 年以「裨益於財政經濟之進展」為考慮，開發阿里山之林業。翌年，開始進一步之勘察，並於 1904 年向東京帝國議會提出計畫、

撥款經營。期間由於「日俄戰爭」中斷,至 1906 年總督府以民營方式,與大阪商號藤田組訂約,經營阿里山林業及鐵路事業。❶❺以官辦形式開發阿里山林場,成為往後數十年公營部門管理阿里山林業的基礎。

森林事業的展開,是阿里山地區經濟結構的一大變動。樹木砍伐事業雖然在此之前偶有為之,但未有如設立林場之後的大規模生產。阿里山鐵路的開辦及鋪設,更是阿里山地區一項極新的事業。從 1920 至 1941 年為止,阿里山鐵路的客貨運輸乘客包括鐵路沿線的居民、開山伐木的工人以及外地來的觀光客。雖然鐵路運輸使鐵路沿線地區與外界的物資交流增加,但似乎對當地的鄒人居民並沒有造成影響。導致阿里山林場、鐵路與鄒人之間如此的關係,應該與阿里山林場獨有的體制有關。總督府劃定「番界」範圍,嚴格管制「番界」範圍內人與物的流動。

日本政府之開發阿里山森林、鐵路事業基本上與鄒人沒產生什麼關連。雖然如此,林場的所有權為國有、管理權在總督府屬下的機構,鄒人卻是在總督府的容許之下,繼續以林場的範圍做為其獵場。鄒人沒有從中對於林場有所有權或參與管理。而且,總督府在開阿里山森林鐵路時,避開鄒人的聚落,以山路把達邦與特富野大社往鐵路上的「十字路站」

---

❶❺ 臺灣總督府營林所嘉義出張所編 (1935)。亦參見《日治時期原住民行政志稿,第一卷》,頁 615;井出季和太 (1977:422-423);臺灣總督府編 (1934:415)。

連接。鄒人在整個林場的建設之中，處於被隔離的狀態。唯一對於鄒人經濟生活有影響的，可能只有為鄒人提供了漁、農、獵之外新的就業機會。儘管如此，鄒人也只是林場中的勞動從事者。

　　與阿里山林業開發有連帶關係的是阿里山地區的觀光事業。阿里山的風景成為一種商品向外地人介紹、銷售，早在日治時代便已經開始。隨著阿里山鐵路的通車，外界造訪阿里山更為方便，造就觀光事業的開展。早在1930年代，阿里山地區的觀光事業已粗具規模。當時是以來自日本內地的遊客，或是在臺的日本人為主要的服務對象。至於臺灣本島人士，我們雖暫無資料求證本島人遊阿里山的比例與數目，但從阿里山旅館及其他設施的收費標準來推斷，當時有能力購買阿里山觀光服務的人非常有限。鄒人也許會偶爾以接待觀光客的名義參與阿里山的觀光事業，但是以阿里山觀光事業集中在阿里山林場一帶的情形而言，鄒人在觀光事業中成為被他者觀光消費的「景物」之一部分。

2.水田耕種、農林產與交易

　　日治以前鄒人主要以山田燒墾（或刀耕火種）的方式，種植芋頭、薯類（地瓜與樹薯等）、粟（小米）等農作物。日本殖民政府開始推行水田耕種，其目的含有動員聚落地方資源及外力介入部落社會，以實行水田所需要的基本灌溉條件。通過水田耕種的實行，殖民政府增加對原住民的控制，以便執行其他方面的「理番」事務。因此，我們可以說水田開發

行動的政治控制大於經濟效益；相對而言，這個行動也為鄒人帶來農業發展的契機。

阿里山地區 1922 年設立「水田指導所」，藉以倡導鄒人在「番地」（保留地）範圍內，從事水田稻作。當時有兩座「水田指導所」，一座設在現在的里佳村，另外一座位於達邦村；1935 年時，只剩下達邦一所。⓰

雖然傳統的作物如小米、甘薯、芋頭，似仍佔相當的比例，但水田開發使傳統作物減少栽種的影響到 1930 年代中已是甚為明顯。1930 年代中的鄒人農作物，除了由水田而引發的稻米栽種之外，還有其他如果樹類、煙草等的栽種。鄒人除了傳統作物落花生、苧麻之外，又有新的作物如玉蜀黍、香蕉、柑橘類及其他果實的栽種。玉蜀黍可做飼料，柑橘及其他果實可以自用，亦可做交換。更有甘蔗、煙草等經濟作物的栽種。二次大戰前，鄒人出現從傳統農業開始轉變為經濟作物的機會。

與水田開發對傳統作物栽種造成影響有關的問題，是農作的生產與交易行為的關係。鄒人在米及小米的產量均無法供應其所需之食用量，而不足之數似乎可以從甘薯及里芋中得到補充。其他作物如落花生、玉蜀黍及豆類的剩餘數量甚少，故或無以為交換。鄒人交易行為中，以甘薯、里芋、落花生及蔬菜比較有可能做為農產品的交換。部分米的輸入或用以補充山地米產不足，或以某類米種供應特定的需要。

⓰ 臺灣總督府警務局理番課 (1936–1939a : 8)。

　　另外兩種經濟作物是甘蔗和煙草，部分煙草需要透過交換取得。煙草的栽種以供應本地的需要為主，並且滿足了本地的大部份需要。甘蔗自己食用。鄒人林產品的產量，似乎亦與農產品的情況接近。十類不同的林產，都是鄒人採諸自然之物。其中，以木材、竹、藤、木炭、薪、魚藤等類的非交易狀況推論，是鄒人留做建築（木材、竹）、編織（藤及魚藤）及做燃料（木炭、薪）之用。在《高砂族調查書》中，只有薯榔及愛玉子被列為交易的「番產品」。其中，愛玉子成為「番產品」中交換金額最多的一項。鄒人的林產，大致上仍是以滿足鄒人的日常生活需要為主。

　　雖然鄒人在主要糧食及燃料、建築材料等方面不必經過交換便可取得，但由於仍有其他方面的需要，使得交換活動並不停止。在鄒人的食用品中，除了上述的稻米等糧食，還有魚類、獸肉類、果子、鹽、酒和糖。此外，外來的食品材料如罐頭、醬油、味精等等，亦已進入鄒人飲食生活範疇裡。鄒人以其獵物及部分山產換取這些生活物品，而愛玉子是主要的輸出品。鄒人最豐富的獵獲物，以山羊、羌仔、猴、山豬及鹿為主。這些獵獲物之中，以鹿的價值最高。在獵獲物的交易行為中，一個重要的關鍵是通過「交易所」操縱獵物價格而遂行「理番政策」。

　　1935年設立在鄒人領域的「交易所」共有六座，都位於設有警察單位的聚落。Lalachi 社（來吉村）擁有兩座「交易所」，Tapang 社（達邦村）、Niya-Uchina 社（里佳村）、Saviki

社（山美村）及 Lalauya 社（樂野村）各有一座。「交易所」
制度下的阿里山鄒社會，大部分的交換活動均在其監管下進
行。這與其他原住民聚落有「交易業者」（商人）經營山產的
採購及生活品的銷售不同，鄒地沒有「交易業者」的統計。
除了「交易所」以外則有「自由交易」。

　　1930 年代中的鄒人，吸收勞動者最多的事業以「土木建
築、林業及物資運輸」為主。上述的職業，都是農閒時的兼
職，而非全職勞動。阿里山地區非鄒人族群的事業從事員，
大部分與森林事業的「製腦」業有關。其中，「本島人」全以
「製腦」業為生，他們也是日後鄒人經濟中「平地人 (budu)」
的先驅。

　　總結而言，鄒人的經濟在日治時代雖展開若干新事業，
但其原住民還是「自給自足」，僅部分的生活用品須仰賴外界
供應。而且，其許多的新事業及與這些新事業有關的人員，
也與鄒人有所隔閡。

第三節　國家政策的延續與變遷

　　國民政府於 1947 年已公布劃出「山地保留地」，規定「保
留地」劃定範圍內的土地所有權為「國有」。一如總督府時代
的「番地」，在土地「國有」的制度下，原住民只有對土地的
使用權而無所有權，所使用土地亦不得私下買賣，並限制「平
地人」對「保留地」的使用狀況。其後在 1958 年，雖有因「平

地人」已有「山地戶籍」而得承租保留地耕種的「核示平地
人民使用山地保留地處理事宜」，使「平地人」有法律基礎使
用「山地保留地」，但限制仍然相當嚴格。換言之，只有原住
民及在政府特許情況下的個人和機構才能使用山地。與「山
地保留地」制度平衡施行的是對山地出入境的管制。1946 年
6 月，臺灣省政府即以「山地交易所撤銷後，高山族同胞日
用品及農產品之販運銷售，亟應加以注意，以防不肖商人乘
機詐騙」，鼓勵各山地組織「合作社」，後來更以民政處籌備
成立「山地民生商店」，以處理有關山地的生活用品，如膠鞋、
鹽等等的供應及價格。到 1948 至 1949 年間，漸漸以「臺灣
省物資調節委員會」開始對山地物資實施配售的工作。最後，
於 1950 年 1 月成立「臺灣省山地物資供銷委員會」，並於各
地成立「供銷處」，取代各地將被取消的「合作社」。當時，
一切有關山地民生用品的供應、山產林產的運銷、山地資源
的開發等等，都統一於「供銷處」之下經營。

國民政府也採取一系列的經濟措施，漸漸地改變原住民
的傳統經濟體系。1947 年，臺灣省政府以「救濟」為由，分
配蔬菜種子以推廣農耕。自 1950 年開始便公布「臺灣省獎勵
山地實行定耕農業辦法」，更全面地誘導原住民耕戶參與。[17]
其後，於 1954 年又展開「推廣家禽、家畜、蔬菜、特產作物」
的運動，並撥款資助山地農戶。[18] 這些措施支配鄒人的經濟

---

[17] 《臺灣原住民史料彙編》，第三冊，頁 1075–1078。

[18] 同上書，頁 1080。

生活二十餘年。在政府的推動底下，鄒人農民還有其他的作物栽種，例如：玉蜀黍、落花生、苧麻、蔬菜類十五種，及果品十三種，這些作物皆可利用已有的旱地或新開發的梯田進行耕作。❶作物種類中不少是政府在 1930、1940 年代推廣種植的。另外，鄒人的農戶亦養家畜（牛、豬、羊、鹿及兔）和家禽（雞、鴨、鵝、火雞、領鳩）等。這些禽、畜部分為日治時期已經有的，❷也有些是由國民政府引進的。

　　鄒人的林業，也在這種持續舊有國家的體制底下繼續運作。但運作的單位，除了阿里山林場之外，亦有由原住民及鄉級單位在山地保留地上主持伐木活動。與日治時期相同，無論是林場抑或是鄉公所、原住民的伐木活動，土地所有權皆屬國有。整體而言，鄒人在戰後的經濟狀況與國民政府的「山地政策」關係密切，因此其領域內的經濟變遷也是應合著國家政策的變更。事實上，國民政府的政策改變，自 1935 年省府公布的「促進山地行政建設計畫大綱」便開始，因其時已訂出「山地平地化」的施政綱要。雖然如此，卻遲至 1966 年國民黨所通過的「現階段扶植臺灣省山地同胞政策綱要」前後，才出現更實質的行動。變革的前哨首推「臺灣省山地物資供銷委員會」的裁撤，以及農會的過渡。在鄒人，前述的「供銷會」分部「供銷處」，一直統一本鄉物資交流，包括

---

❶　《嘉義縣統計要覽》，第二十二期（1917 年度），農林。

❷　日治時期已有的禽畜包括「黃牛、豬及雞」，見《高砂族調查書第二編：生活》，頁 121。

一切山產的採購、代銷及平地物資在山上發售。整體上「供銷會」的制度，因缺乏法人身分，雖可借助地方行庫融資，但仍出現資金籌措問題。自 1960 年代初開始改革，至 1964 年完成從「供銷處」往「山地農會」的改制過程。

「山地農會」的建制，與「供銷處」最不同者，在於各地「供銷處」自成立之初，皆以鄉公所派員主理，其主任即由鄉長兼任，主計亦由阿里山鄉公所主計員兼任，其他阿里山鄉中政教單位主管，如村總幹事、校長、鄉民代表主席等，為「供銷處」創辦人。簡言之，「供銷處」與地方行政建制有密切關係。但農會設立後造成山產運銷上一種新的情況，使得過去帶有「專賣」意味而又有阿里山鄉公所人員支援的「供銷處」轉變成為農會，成為原住民收購山產的一個獨立機構。農會的體制與阿里山鄉公所無統屬或其他關係，成為另一個系統；其運作成效，也全取決於自身的財力及與阿里山鄉公所的協調。其結果有可能造成協調、運銷上的不整合與不信任，導致原住民不一定把山產售與農會。

阿里山農會在 1970 年代是勉強地運作下去。而在這段山產運銷制度的轉型時期，農會與村民之間的隔閡，似乎亦埋下日後山地雜貨店採購山產的伏筆。與農會建制似乎平衡進行的重要變革，是「山地政策」中的核心問題——「山地保留地」。自 1966 年開始至 1971 年間，新的保留地政策直接影響農地的開發。

阿里山鄉主要之生產土地用途為農業的水田、旱田及山

林。實施新的保留地政策，並未使各農民與家庭受惠，擴展土地所有的是阿里山鄉公所。阿里山鄉的公有土地之中，新增加最多者為「山林」，其次是「交通」、「水利」、及「原野」，水田則有持續下降的趨勢。較為突出的是旱地及建築用地，皆是先增加後減少。旱田的減少，也與山林地的增加有關。由於公有土地處分均由鄉公所主理，故土地使用的增減，顯示出鄉公所對於山林的推動（造林）扮演重要的角色。而交通、水利的土地增加，亦顯示公營部門對於地方建設的推動。水田的土地減少，表示阿里山鄉公所主導的農業生產開始轉型。私有土地以水田及旱田較為明顯。兩項私有農地的增加及比照公有農地的遞減，都顯示鄒人的農地開始邁向私有化。

　　與山地制度變革同時產生的是農業經營的轉型。在1971到1985年這一個時段，基本上呈現農業衰退狀態，尤其是較早前推廣的水稻、陸稻及較傳統的雜糧作物，都漸漸消失。而菜品、果品的種類亦漸減少，如蘋果、柿、竹筍等，更反映產銷的波動對鄒人整體的農業狀況有重大影響。而山產品運銷制度的變革期（前述農會的成立與演變），讓市場機制更加具影響力，導致「農業商業化」。

　　由於交通的關係，在地住民的職業大都以在阿里山鄉或附近地方工作為主。阿里山鄉公所戶口登記中，「農林、漁牧、狩獵」之中以農業為絕大多數。阿里山鄉從事農業的人口，雖曾有波動，但以人數來說，大體上仍是在增長，從1974年的一千八百四十二人增至1985年的二千零五十二人。阿里山

鄉的農業經營之轉型，並未對於阿里山鄉的農業人口結構造成根本的衝擊。也可調量的變化（如生產用地的增加）並未造成質的變化（如職業人口與經濟結構的轉型）。相反地，在農業的轉型期，鄒人採取一些策略，以謀求在這個轉型時期可以積極地投資於農業生產。以設立於達邦村的「吳鳳（玉山）儲蓄互助社」為例，村民對於轉型期的農業生產反應頗為熱烈。在經濟轉型期間，村民對於農業投資有積極的反應。

除了利用「儲蓄互助社」來增加對農業的投資之外，鄒人更嘗試組織「合作農場」來促進以村民為本的農產山產運銷機制。於 1983 年，由天主教神父傅禮士及楊典諭二位創辦的「吳鳳合作農場」，從只經營運銷農作物，擴大至設立「消費部」於特富野及里佳，以供應較廉價之物品。其目的在於組織村民間的經濟合作，以抵消甚或抵抗「平地商人的剝削」。「吳鳳合作農場」的全盛期為 1984 年，此後運作開始漸走下坡。

鄒人農業商業化的另一個佐證，便是山上「平地人」的雜貨店收購山產的活動，至少在 1970 年代已經開始。以特富野為例，早於 1950 年代便有一位被收養的客家人，替村民到平地購物（如家具、廚具、農具之類）。其後人定居於山上，也開設雜貨店，並開始向原住民收購山產。在 1970 年代已開始出現事先貸款給村民，預定收成時採購的辦法。因此，出現與「吳鳳合作農場」競爭。由於「合作農場」自 1993 年以後，實際上再沒有山產、蔬菜的運銷運作，雜貨店的運銷管道便更形重要。

　　新事業的引進亦可能受交通建設的影響。除了日治時期所興築的阿里山鐵路，二次大戰戰後鄒人與外界接觸面擴大的是行車的道路。在達邦到石卓的道路仍未開通以前，最接近達邦的道路便是十字路車站。由於其間為山路，徒步到達邦村須三小時左右。即使是今天有汽車可走的道路，亦須半個小時左右。過去有村民常背負貨物或山產，步行往十字路買賣的情況，也有僱用退伍榮民為挑夫者。約在 1976 年，開闢了「達邦產業道路」，人們可從嘉義市經石卓、樂野而抵達邦村，並開始有了一日三班的嘉義客運服務。由嘉義到達邦全程近三個半小時。至 1980 年，「阿里山公路」通車，全線亦於 1982 年鋪瀝青柏油，1984 年又開通樂野至石卓之道路。道路的開通更加速了鄒人與外界的接觸，因為公路所覆蓋的範圍，較之鐵路更廣、更接近鄒人的聚落。雖然阿里山在 1980 年代仍屬「甲種管制」區，但公路的開闢造就了更多的機會，不但使山上的產品得以向平地運銷，平地的產品及物資亦較往常方便地往山上推進。

第四節　近代經濟：市場與社區

　　1980 年代末的鄒人經濟上更趨近於市場體系。影響生產的主要因素，除了自然、地理、氣候等條件，以及人工、技術等問題之外，更受到市場「供需」、「價格」等等機制的掌控。雖然如此，在由市場推動、操弄的情況下，我們也可以

見到鄒人各村村民之自發性地發起，或由阿里山鄉公所推動而鄒人也積極參與的經濟活動。

在 1980 年代末及 1990 年代初，阿里山鄉公所秉承政府對原住民的「山胞農村土地利用及社區發展綜合規劃計畫」。其中如修築道路、農業輔導、水利建設、環境改進及山產、林產的推廣，總經費共達一億零六百四十九萬七千六百元。阿里山鄉公所在這個市場發展的新時期，仍然扮演著一定的角色，參與鄒人的經濟發展。但若與從前比較，我們則可以肯定地指出阿里山鄉公所在經濟上的相對重要性已經開始轉變，而使其與市場動力以及社區內部的動力交錯互動，共同地創造出 1990 年代的鄒人經濟形式。

1980 年代末及 1990 年代，觀光事業蓬勃發展。新的鄒人觀光事業之開發基礎，是藉由阿里山鄉各村豐富的觀光資源，並配合傳統文化而來的社區參與（尤其是鄒人的住民積極地參與）。這種情形與從前觀光客主要以接觸「阿里山景觀遊覽區」的觀光行為不同，也與從前單方面以非鄒人群（漢人）來經營的情形有所差別。

刺激鄒人觀光事業新發展之因素，首推新中橫公路的開闢與通車，使得到了 1987 年左右，除了舊有的阿里山森林火車可以運來客人之外，更有來自臺北、臺中、臺南、嘉義及高雄的公路客運班車。同時，不少旅館亦連鎖性地林立於舊有的阿里山觀光區。遊人除了遊覽阿里山風景區之外，亦有可能到鄒人的聚落做「觀光」。雖然大部分遊客不一定會留宿

當地，但阿里山鄒地已經形成一個重要的旅遊、旅館業市場。

　　但是，影響鄒人觀光事業最大的動力來自於兩件重要事項。自 1980 年代末及 1990 年代初，隨著「戒嚴令」的終止及原住民政策的修正，入山管制的制度亦開始變更。雖然「入山證」的制度至今仍然存在，但是部分哨崗已撤除，或改動其布置位置，並把部分村落從屬於「甲種管制區」改變為「乙種管制區」，此舉方便了山地住民與外界接觸。第二件重要事情便是有關「國家公園」的建置。這對於居住在阿里山地區的鄒人族人，雖有負面的問題（如失去廣大的獵場），但亦為部分原住民社區提供新的機會與刺激，想像開發山上觀光資源之可行性。鄒人以傳統的河域管理觀念、運用當代「生態保育」的修辭，在山美村建立「達娜伊谷自然生態保育公園」，並開始組織、規劃及執行保育公園的籌建。至 1995 年開始成為第一座「保育公園」，並正式對外開放。其後，在 1990 年代便有更多的規劃及行動，以開發阿里山鄒地的各種觀光資源。

　　初級的觀光事業在鄒地漸漸發展開來。除了山美村的「達娜伊谷自然生態保育公園」之外，亦有在達邦村的特富野社區以「玉峰綜合農場」為名的「休閒農場」事業 —— 也就是「以農場生活及工作方式為遊客提供休閒服務」。此外，因應臺灣地區觀光事業的發展，阿里山區的旅館事業亦在擴展。其中，以家庭式經營的「民宿」，始自 1989 年。與民宿相較，阿里山鄉的旅館業在 1990 年代有更進步的發展。前述於 1987 年左右已經存在的旅館，都是設在阿里山森林風景區

內。但 1990 年代所興建的新旅館，漸漸地在鄒人的各聚落中出現，更出現由鄒人經營的（或與「平地人」合夥的）旅館。1990 年代末阿里山旅遊範圍內，能提供旅館的地方已超過二十多處。

除了旅遊的市場化之外，幾種重要的市場作物也在鄒地出現，其中山葵可以算是最早被阿里山鄉公所開發的作物之一。早在 1970 年代初，林務局管轄之下的阿里山林區已經開始有法人組織「益勝企業公司」在該地開始栽種。1987 年，阿里山鄉公所開始提倡種植山葵，並向村民提供「輔導」——可能包括派送種子試種的方式。高價山葵的栽種，曾一度使得鄒人的村民趨之若鶩，紛紛投入栽種行列。

繼山葵之後興起的經濟作物是高山茶。鄒人的高山茶業經營要遲至 1980 年代才開始。茶的栽種與阿里山公路的開通有很深的關係。1980 年，阿里山公路全線通車之後，茶慢慢地從鄰近的番路鄉引進本鄉，開始時（約在 1983 年左右）亦以阿里山公路沿線的樂野、石卓一帶為主，並迅速擴展到別的地區。高山茶的栽種，似乎並未涉及鄉公所的推廣與輔導，而且開始時是以外面非鄒人以承租土地的方式開發。約在 1988 年鄒人也開始栽種。至 1993 年左右，已經成為鄒人一種普遍的經濟作物，其中有 40% 為鄒人，60% 為「平地人」租保留地栽種。另外，鄒人亦慢慢從「平地人」手中學取製茶技術，辦法是用聘酬方式請「平地人」的製茶師傅教授。高山茶葉的興起，提供鄒人大量的短期工作機會。

　　與很多種茶的山地保留地一樣，鄒人的茶葉銷售管道有幾種。第一種是茶公司或茶商透過農會、製茶廠甚至向茶農直接收購茶葉（未經烘培的，即「茶青」）。通常透過這個管道的交易，是以賣斷方式進行。第二種是透過製茶廠向茶農收購批發，或代茶農烘培而收取費用。部分製茶廠亦自有土地種茶，這種製茶廠甚至在大都市設有連鎖店，作用零售或批發的場所。第三種則是茶農自己透過私人或社會團體、親友、教會等管道直接銷售。有的高山茶農因兼營他業（如旅館）又擴大了銷售網絡。

　　雖然愛玉子是鄒人的另一種新興經濟作物，不過「愛玉」出現在臺灣山上的歷史已經很久，原來就是野生在海拔八百到一千八百公尺深山裡的藤本類植物。日治時期鄒人日常交易品中的「山產」，不但已有「愛玉子」的記載，而且數量不少。過去「愛玉」都是從原始森林中採摘。因為林班大量砍伐喬木，又以愛玉子為「雜草」而加以清除，因此到了1980年代中呈現產量日減的情況。1993至1994年，大力推廣種植愛玉子，藉以達到多加利用山林的目的。鄉公所從此也主動向村民推廣。五年之內人工栽種愛玉子的面積增長一倍有餘。愛玉子的銷售管道可以分為下列幾種：第一，經過農會批售，農會從中抽取費用；第二，種愛玉子的農民出讓與山上的雜貨店或其他店鋪；第三，是農民自種、自曬、自銷，其顧客可能是遊山旅客或其他店鋪。最後，是賣到附近的遊覽場所，如上述山美村的「達娜伊谷自然生態保育公園」，便

有攤販小店供應愛玉子。大規模的運銷管道（例如農會、雜貨店等）是最主要的。

第四種新興經濟作物是各類花卉。總種植面積大致在十五公頃的範圍內，這是與上面三種新興經濟作物相比，花卉的種植有異於其他三種經濟作物最明顯之處。花卉與其他三種經濟作物另一個不同之處，在於花卉本身的市場條件講究迅速地運銷。花卉從收成到加工、販運所需要的時間最多只能是一個上午，故比山葵、茶及愛玉子都要短促。花農對於市場的反應遠較山葵、茶及愛玉子為迅速，而其對於運銷系統的強健運作，要求亦遠較山葵、茶及愛玉子為高。花卉的栽種範圍不如山葵、茶及愛玉子之類，可能亦因為花卉種植的回報相對地低有關。

最後也是最近才開始種植的經濟作物，則是鄒人村民所謂的「明日葉茶」。這是另一種純粹由阿里山鄒農民自發性開發的新作物。「明日葉」的學名為「珍立草」或「海峰人參」，屬草木類植物。鄒人的村民，則以其製茶的方式，把葉子切片、烘培，然後製成「茶葉」，甚至是切成碎片製成「茶包」，所以稱之為「明日葉茶」。產品現在似乎仍是試驗階段，因為種植面積少於五公頃，鄉公所也還未有正式的統計紀錄。貨品的銷售，除了透過成為農會產銷班的管道之外，亦有利用個人管道，透過親戚朋友的介紹而達成交易。「明日葉茶」具有健康養生及水土保護的雙重特色，正是最近臺灣民間及政府日益注意的事項，因此潛在大量種植的可能。

　　以鄒人的整體農作物種類、面積及果樹栽種而言，新經濟作物如高山茶、山葵及愛玉子等佔阿里山農業的重要地位。此外，竹筍亦為鄒人的重要經濟來源，竹筍採收極盛時期的1980年代，許多人家都建有簡易煮筍設施。整體而言，鄒地農作物的種植面積，隨著五種高經濟作物（高山茶、山葵、愛玉子、油茶、竹筍）的持續栽種及開發而快速地增長，鄒人的農業進入復甦期。在投入市場機制之下的農業及商業，鄒人進一步利用社區的一些社會經濟機制來籌集資本。過去已發揮融資作用的「儲蓄互助社」便是重要的機制之一。鄒人的農民為因應農業的新機會，繼續以「先存後貸」的方式，借取儲蓄互助社的資金。從新經濟作物的投資狀況可以推測，農民除了貸款做開墾、耕種用途之外，更需要投資於其他設備。製茶廠的興建或運銷網絡的串連，亦可以透過儲蓄互助社的「商業資金」來達成。

　　除了借貸儲蓄互助社的資金之外，鄒人的村民（無論是原住民或非原住民）亦有試圖通過其他的方式，動員人力、資源及資本組織。其中有以家庭成員為主要勞動力來源的。鄒人多種農作物之產銷，似乎均有超出「家庭／族」的經營組合──例如（農事、產銷）班。在「班」以外的機構，曾經有過以「農場」名義經營的（特富野）「玉峰農場」。其經營範圍曾經廣達二十多萬甲地，除了種花、茶、愛玉子之外，更組織「休閒農場」、飼養高身鯝魚等事業。其組合為一些鄒人青年及非鄒人士合夥而成。除了資金和土地之外，勞力也

算是股份的一部分。其後股東增加至七人。1996年「賀伯颱風」把「休閒農場」沖毀，組織內部對於管理策略又有分歧，因此改組後只剩下股東四人，經營範圍也只剩下「花卉產銷班」。但是，這種「班」或「農場」的組合方式，只限於經營及控股方面，收穫時仍無法以社員、班員滿足大量的人手需求。尤其以種茶者的情況更嚴重。因此，有部分種茶者尋求傳統的族人（主要是有親屬關係者）互助模式——「輪工(yusuzu)」——也就是平日種茶事務由各人各自負責，但採茶工作則常以六人為組合，於一週內輪流於各人的土地上工作，不付彼此工錢。但採茶對人手的需求量大，不少茶農以支付工資及租用卡車載運工人的方式，從鄰近的地區請臨時工人。所僱人數甚至可達三十人至四十人不等。這種僱工是臨時性的。

　　鄒人的農業經營在經歷「商業化」的1990年代，仍未走向大規模農場、茶園的經營方式。另一方面，曾經在1980年代嘗試過的「合作農業」大規模運銷機制，自其失敗後鄒人便已不復再有負責生產或運銷業務之類似規模的民營機制出現。1990年代的鄒人社會之中，並不存在大規模產業的生存條件與投資環境。

第五節　結　語

　　鄒人的經濟形式在過去一百多年來發生很大的變化。不只農業範圍擴大，作物種類更多，農業經營性質也較十九世

紀時期更商業化。鄒人的經濟活動，在最近二、三十年間被
捲入臺灣整體的市場體系裡，成為後者的一部分。除了農業
的經營，阿里山鄒地曾一度為臺灣林業的重鎮，並做為日後
開發阿里山地區與整個阿里山山脈及曾文溪上游流域觀光事
業的啟航者。

　　進入當代市場體系之後，山中農作物諸如梅、李的種植，
包心菜、香菇、木耳、玉米等的栽培，或者經濟作物如金線
蘭及花卉的培植，往往受勾連學術背書之市場體系的左右。
民國七十六年開始，由於日本市場上的需求，高海拔的阿里
山林地引進山葵的種植，一時因價錢甚好而成為鄒人競相種
植的經濟作物。為了求得更多的收成，和學得可以獲利更多
的管理知識，鄒人積極地、集體地參加鄉公所、農會或其他
相關團體所舉辦的各種農作研習會，或者不遠千里地共同租
車到外地考察。事實上，山上的生態正在改變中，傳統獵場
中的森林面積亦逐漸減少。為了延長曾文溪下游水庫壽命而
興建的幾座攔砂壩，不但改變溪水自然的水流，也改變魚類
（特別是鄒人所重視的「真正的魚 (yusku)」，高身鯝魚）棲息
的環境。晚近更由於環境的優越與交通等條件的便利而有利
於市場上的競爭，茶農乘法令執行不力之隙，蜂擁直上阿里
山公路沿線，種植茶樹、興建農舍、經營商店，大量產銷受
平地人歡迎的高山茶與山葵。平地的消費，改變聚落內外的
景觀。

　　事實上，自從山地保留地的管制開放之後，平地的商賈

與貨物更是肆行的流竄，鄉內與鄰鄉的漢人人口亦開始明顯地增加。由西方來的漢人與茶，一起大量再度移入阿里山鄒地。不只如此，鄒人也通過其傳統的社會組織與文化觀念，發展漁區的自我維護觀念，在山美村經營著名的「達娜伊谷生態保育公園」。鄒人的經濟組織決策與運作過程中，透露出鄒人認同「階序原則」與「中心本源」的政治價值與體系運作的特質。這種情形見之於進入現代社會之後的鄒人，不但運用傳統社會結構原則，使得原來具有較高社會地位之家族和個人，較優先、且有機會獲得經濟利益，甚至逐漸地成為企業家；同時，也造成多數新經濟組織的領導地位，集中在少數領導者身上的現象。另一方面，受1950年代二二八政治事件影響之結果，而導致其無法在政治領域表現的另一類具有經濟實力的人，則通過其在事業經營上所累積的經濟實力對政治體系產生影響。事實上，聚落生活雖然明顯的受到西方宗教的影響，但不同教派對鄒文化的詮釋方式則有所差異。例如，天主教的神父與信徒促成傳統信仰與儀式（如 *mayasvi*）的復振，而基督教長老會的牧師、傳道與信徒們，則積極地媒介新的農業經營理念與組織、發展傳統經濟形式、保存瀕臨滅絕的鄒語。

在上述的各種演變之中，影響力較大的是國家的力量及其政府政策。國家的力量加諸於鄒人「民族身分」的認定，使其經濟活動有著一定的規範與模式。過去日治時期的「番地」及「番人」如此，戰後「山地保留地」的使用及「山胞」、

「原住民」身分的認定亦是如此。更進一步的國家力量展現於森林的開發、森林鐵路的鋪設、各級公路的開闢、水田與梯田的開發、新農作物的引進及推廣、舊作物的排斥等幾個方面。因此，雖然過去鄒人經濟上有著很多的演變，如農作物種類的增加、稻穀的生產等，但這些演變大部分是施行不同政策的結果。一直要到政府的政策開始改變，能夠釋放出社會及市場動力，才降低國家力量所扮演的角色與其決定性的影響力。

　　臺灣社會激烈變動的 1970 及 1980 年代，鄒人開始出現農業經營的轉型、土地使用權的轉移，以及初步的農產品商業化。不僅如此，在國家力量漸漸退下來之後，代之而興的是漸漸地以結合親屬關係之運作以及社區參與為主的經濟活動。相對於過去，現在鄒人可以比以前更主動地組織資本、人力及資源，投入新的經濟活動，並可期待從投資中獲得其應有的回報。其中較為明顯的例子，不只既有的各類「農事班」、社區組織如「儲蓄互助社」（分別設立於達邦和特富野）被動員起來，成為社員募集資金、從事交換的機制，也嘗試發展更大規模的經濟組織（例如跨西洋教派的「合作農場」）。再說，臺灣大經濟、社會環境的變動，一直是影響鄒人經濟活動的重要因素。平地臺灣人喜歡食用的竹筍、愛玉子，喜歡喝的烏龍種「高山茶」、令國人與外人讚嘆的阿里山景觀，甚至包括獨特的傳統鄒文化形式，都是經由臺灣的社會需要而被製造出來的市場產品。鄒人為漢人的消費需求而進行生

產，使其與臺灣的經濟波動扣得更緊。

　　雖然如此，鄒人對於新經濟活動的積極參與，無疑是建基於本身的親屬系統、族群認同、自治社區發展的意圖。在阿里山鄒人動態的「二元對立同心圓」社會組成原則、與認同中心及本源的價值觀之運作上，經濟活動（特別是農業）所帶來的利益和就業機會，也使鄒人社區內在聚集力更強、提高社會認同，進一步想像族群社區發展的遠景，從而製造了更多較有利的條件、減低族人外移的情況。這些情況從農業人口一直維持一定比例，以及由農林業經營轉化成休閒事業都可以看得出來。

　　當代鄒人的經濟發展、社會關係、文化價值與族群意識之間的關係更加錯綜複雜。不論如何，前述種種農業經營上的嘗試因牽涉更為複雜的經濟系統，尚未獲得真正的、持續的成功，其中較大的衝突來自於資本主義式的生產方式與親屬關係而來的生產方式各隱含不同的邏輯。㉑

㉑　Wolf (1983).

第四章
權威、象徵與政治形式

　　藉由群體關係及個人能力的操弄運作，社會逐漸拔擢出特殊的政治人；而出類拔萃的菁英，更以其精巧純熟的社會知識與文化價值，確立領導人物的形象、提昇職位（政治社會目的）的價值、反過來削弱個體的重要性。領導者的社會實踐抽離出（對鄒人而言是很具體的）典範，規劃出領導者的理想層面。鄒社會政治人的社會實踐，建立在不平等的內在關係之基礎上。

第一節　傳統的聚落組織與權威形態

　　一般認為鄒族的聚落規模通常較小，實際上，對鄒人而言，一個完整的部落 hosa 包含了數個 denohiyu。Denohiyu 中的 nohiu 是指「某段時距」，意謂那個地方並非久居之地，只是「去幾天」而已，鄒人到 denohiyu 居住，總是要在適當的時候，或者是一定要回 hosa（舊社、大社）。這種對於部落組成分子及範圍的定義，也因其父系親屬組織、家屋及工作小屋，甚至於財產法則而得到支持。如此看來，鄒族的聚落規模就大得多了。如果以岡田信興在 1905 年的調查資料來看，

達邦及其所屬小社人口達七百六十六人，而特富野也有五百六十四人，❶直追阿美族和卑南族。只不過阿美族和卑南族是定居且集中的大聚落形態，而鄒族部落組成原則是以一大社為中心，旁環繞著分支小社，整合為一個認同及儀式的單位。

鄒族的聚落廣泛地分散在曾文溪、陳有蘭溪上游，東經120度30分至120度40分，北緯23度10分至23度38分之間的山麓河階上。每一個聚落都是由數戶乃至十數戶不等的家戶所組成。其中，有單一聚落形成孤立地域組織者，但是最重要的是由數個聚落組成一個政治社會單位，每一個政治社會單位都有一個世襲的「部落首長 (peongsi)」領導。如果一個政治社會單位是由數個聚落所組成，則其中一定有永為此政治社會單位之核心的聚落稱為大社 (hosa)，部落首長居於此地，其他聚落稱為小社 (denohiyu)，與大社有從屬支配關係，首長並經常指派其世系群之成員遷於該社者為領導人（亦稱 peongsi），代為管理該小社。

小社之分立大部分是由於人口增加與耕地的不足，「小社僅由耕作小屋 (hunou) 集合而成，因此乃經濟活動之一種表現，政治、宗教活動仍集中於大社，故小社建立之後，大社中心主義色彩並未稍減」。❷如果大社的部落首長 peongsi 之世系群沒有成員在小社者，則由小社諸世系群中選出一個長

❶ 岡田信興 (1905)。

❷ 衛惠林等 (1952：6-7)。

老為領袖，但是其資格亦需得到部落首長 *peongsi* 的認可。

　　就語意上來看，所謂小社 *denohiyu*，指的是「暫時出去、離開一些時間 (*nohiu*)」，意指該地只是暫居之所，「真正的家」是在大社裡。每年返大社參加小米收穫儀式 (*homeyaya*) 時，在小社的分支均必須攜帶農作物回本家，有時只是象徵性的少量農作物，但絕不可缺；而大社本家房屋修建時，小社各家亦必須回社協助共同修築其真正的本家 *emo*。鄒族的聚落組成極具動態性，並不是恆定不變，「儘管是一個很小的聚落，只要是它能脫離大社的支配，自行舉行儀式時，就可能成為一個獨立的大社；反過來說，儘管一個大社具有很深的傳統，只要是有一天它的勢力衰頹以至於受到其他大社的支配，甚至連祭典儀式也要與其合併舉行，這時這一個大社就算是廢絕了，並且已經淪為其他大社的附屬小社。」❸前一種情況見之於南投信義鄉久美村的 Luhutu 大社的成立；後一種情況則見之於日治時代伊姆滋 Imutsu 大社的衰頹，以及 Luhutu 大社亦於日治末期合併入 Tufuya 大社。

　　每一個政治社會單位以分水線或溪流為界，若無適當之分水線或溪流，則設置標誌。鄒族社會中，部落和首長的所有地各自分開，也可以說是由各氏族之地而合成社地，部落首長 *peongsi* 世系群所使用之地，也只是社地之一部分而已。如果有某一氏族的所有地橫跨二社社地，則其管理使用權在於各社族人，絕無越過社地去墾耕或狩獵之事。❹在社地之

---

❸　小島由道 (1918 : 358)，余萬居譯。

內，其身分之得喪最普遍的原因是家族關係之變化與家族之搬遷。就社民的權利而言，他可以居住使用其世系群所屬的私有地，並可因各人身分地位（如男女老幼，及在社中因個人能力而得來的地位）參與社內公共事務。重要的是，社人亦負有從事社內公共勞役（如修路、建男子會所）、分擔公共費用、同社人相互支援、同擋外敵，以及服從首長 peongsi 之命令的義務。❺ 雖然小社亦可蓋建專供集會之用的會所，然不同於大社的男子會所 (kuba)，其內並無頭骨籠等事物，只能稱之為「小屋」或「旁屋」hehu。對鄒人而言，此類建築雖有可能具備大社男子會所的大小及形狀，但卻不被視為一個政治經濟與宗教的象徵中心。例如，屬於達邦社的 Niya-uchina（現在是里佳村治），日治時便還保存與大社同樣大小的 hehu。

上述大社與小社結構上的階序關係，亦呈現在小米的播種、收割及收藏的現象上。小社的小米種必須取自大社本家之禁忌之屋 emo no pesia 中所收藏的前一年小米種，不得私自存種撒播；而且也必須在大社的本家舉行播種、收割儀式之後，才可以舉行儀式。

從日治時代開始，大社與小社均被視為村落組織，是最小的政治單位，唯其因行間接統治，並未企圖改變傳統社會組織，只賦與原有的部落首長以頭目的地位。雖然小社的頭

---

❹ 同上書，頁348。

❺ 佐山融吉 (1915)；小島由道 (1918)；衛惠林等 (1952)。

圖6　達邦男子會所

目之身分地位具有傳統的基礎，但因為信仰上的理由以及部落階層關係的支持，使得大社的地位依然較小社崇高，每年的小米收穫儀式，都再一次的肯定這種關係。而此又與其親屬氏族組織有密切的關連。無論如何，在大社的宗家頭目其地位是較小社頭目高一等的，因此不會產生村際的衝突。

　　位居大社的男子會所 (kuba) 是部落的象徵。小社無會所、亦無獨立自主的權力，無論在軍事、政治、經濟與宗教儀式上都依賴大社。觀念上，領導人是中心、本源，不但擁有權力，也要能為追隨者開創出新局面。鄒族傳統政治制度中有幾個區分出社會地位高低的因素，亦即：一、氏族或世系群的地位（由前述之部落建立發展歷史以及氏族內在分支的階序關係而界定）與聯姻；二、世系群的內在地位（家族

之長);三、因年齡而來的長老 (mameyoi) 地位(由親屬組成法則與年齡群制度的交錯產生);四、財富的擁有(集中於大社本家,尤其是世系群的家長);五、宗教儀式的能力(農業儀式與狩獵儀式的掌有與施行者);六、個人性格與戰功等能力。由於以上這些因素交相運作,產生了部落首長 (peongsi)、征帥 (eozomu)、勇士 (maotana)、長老 (mameyoi)、巫師 (yoifo) 等職位與地位,以及以上述人等組成的「部落長老會議」。這些權威形態具體地呈現在當代政治過程之中。

第二節　政治人與社會實踐

　　經過「社會認定」為長老級的人物 mameyoi,並無特定形式化的晉昇儀式。一般而言,一個青年級的人,如果在戰鬥或獵首的行動之中極為勇敢並有所斬獲,或是歷次狩獵有捕獲大型動物,如山豬與熊之類危險動物的成績,則有時年紀雖然還是很輕,亦有可能被尊為長老 mameyoi 級人物。Mameyoi 級的人除了在服裝上與一般人有所差別之外,在食物分享的場合,往往可被尊重地分配到較大塊的肉、大杯的米酒。甚至於亦有可能被視為部落內有能力的長老,而在公眾事務中輔佐首長,其資格一般是與世系群的領導者相關連的。

　　當一個聚落遭受到外敵攻擊時,所有聚落中的成年男子都有全力應戰的義務;如果是因復仇等因素而攻擊外敵時,

則除了必須服從部落長老會議的決定之外，各成年男子亦可自行決定參加與否；尤其如果是因為某一個人為誇耀勇武、以便於爭取勇士 *maotana* 的地位時，更是以個人自行決定參加與否為主要原則。這種情況，往往要根據發起人的個人能力，徵集眾人跟隨；一般而言，若是發起人素以勇武著稱，或甚至是已有戰鬥經驗與功績者，才有可能獲得較多社民的跟隨。每一次戰鬥，均隱含一次社會權力秩序重整的可能，有一戰而為勇士 *maotana* 者，甚至有可能因領頭之征帥 *eozomu* 的死亡，而出現新的征帥。一個征帥 *eozomu* 的出現，與宗教儀式、獵頭儀式及 *mayasvi* 的舉行有關。

具有勇謀的 *eozomu* 統帥整個戰鬥隊團。一個隊團可能有數位勇士 *maotana* 及眾多男子，嚴格服從於 *eozomu* 之領導。*Eozomu* 以其敵情判斷、陣勢布署、攻擊節奏，甚至具備占卜吉凶的宗教能力（事實上，*eozomu* 這個字即由 *oazomu*，一種聽聲以卜吉凶之鳥轉化而來，由此可知其為善能研判鳥聲的吉凶，並進而有功於戰役的人），與最重要武勇實力所造成的隊團信心……等能力，而為眾人所信服。此種 *eozomu*，在近代達邦社由 Niya-uyongana、Yasiyugu、Noatsatsiana 氏族之人擔任，而與擔任部落首長 *peongsi* 之 Tapang 氏族不同。由於耳濡目染甚至實際經驗的演練，*eozomu* 經常有可能維持在同一氏族之中，如前述的 Niya-uyongana 氏族、Yasiyungu 氏族，甚至於 *maotana* 亦常出於 Tapang 與 Uchina 兩氏族就是這種情況。❻然而，這兩種職位在特富野的情況就不同於

達邦，自 Yaipugu-e-Kautoana（約 1740 年左右）起，特富野的部落首長 *peongsi* 與 *eozomu* 合而為一。然又有另外一種狀況，即是因出草次數頻繁，其社內的 *eozomu* 亦可能不只一位，例如特富野社在日治之前，就曾經有同時存在四個 *eozomu* 的情形。❼*Eozomu* 有資格配戴類似頭目帽的帽子，就社會地位的成立來看，*eozomu* 的身份已為該氏族提供足以領導社人的權力，並且也為其氏族提供足以競爭部落首長 *peongsi* 一職的重要資源。鄒人停止獵頭的行動是在日治時代，如達邦社之 Mo'o-e-Uchina 所見最後一次獵頭約在 1905 年左右。日治時代嚴格禁止不同族群之間的獵頭行動，所以 *eozomu* 的權力即已喪失其存在的基礎，此種情況更因鄒族一直未與日人有過激烈的衝突而更加確立。一般而言，軍事能力與狩獵能力間存在很密切的關係，善獵之人亦常是善戰之人，因此勇士或征帥，大半擁有山豬牙齒二顆連接成環狀做成的臂飾等物，表彰其英武。即使是在圍獵的場合，此類人亦因其個人能力而成為獵團領袖，所分配的獵獲物亦較多；這種情況與率領戰事之 *eozomu* 領有大部分土地的現象是相同意義地。

　　個人地位的判別又以時序儀式行為加以界定和不斷的強化。例如：在 *mayasvi* 儀式中，部落的整體價值不斷被強調，而部落內部各世系群分別舉行的儀式，雖然是以各氏族為單

---

❻　佐山融吉 (1915)。
❼　小島由道 (1918：229)。

位，然而其儀式的舉行又往往以部落首長的日程為標準，尤其是小米收穫儀式 *homeyaya* 時更是部落首長 *peongsi* 家舉行之後各家才接著舉行為最明顯。與部落生命體之存在與更新有關之成年儀式，以及與維繫部落內部秩序有關之司法審判與懲罰行動，均在 *homeyaya* 之後，由部落首長 *peongsi* 主持進行。

　　為維持內在社會或秩序的合理運作，當社會之人產生糾紛與犯罪行為時，部落首長 *peongsi* 與部落中的 *mameyoi* 必須處理，使得原有的權威得以更加穩固。而輕微的紛爭如口角等，則可由兩造之間的直接談判，或由第三者的調停獲得解決。如果犯了竊盜或通姦罪行時，被害者可以直接對部落首長 *peongsi* 控訴並要求裁判，部落首長 *peongsi* 自行考慮或與部落中長老商討之後認為有罪時，平常往往加以擱置，一直等到 *homeyaya* 儀式時才突然公布於眾人之前。其處罰方式包括叱責、毆打、賠償等。殺人案較少發生，如果不幸發生則當事人往往即刻逃亡，這不啻等於放逐，永不得回本聚落，然其世系群之人則必須極力賠償和解之。叱責制裁是常見的方法，由部落首長 *peongsi* 或 *mameyoi* 輪番上陣為之，毆打則由部落首長 *peongsi* 指定某一氏族的長老（如在達邦是 Tapang 世系群的族長、在特富野則是 Yatauyongana 世系群的族長），以木棍、竹片或藤條在公眾面前笞刑其臀部，這類專責打人之長老在達邦稱之為 *panatau*。此種處罰方式一直持續到 1960 年代中期。最後制裁方式——賠償 (*peejyu*)，

則由部落首長 *peongsi* 與 *mameyoi* 討論之後，決定賠償之物或款項的種類及數量，令被告支付給原告。在傳統部落中，會危及家族甚至部落之秩序與存在的通姦行為，是最嚴重的罪行，經常混合賠償、笞刑及命其離婚之制裁。在日常的聚落生活中，輔助部落首長 *peongsi* 者，達邦社另以 *yakoyuwa* 稱之，❽指的是「*mameyoi* 中較有能力者」。不論如何，小米收穫後的儀式，再次強調了鄒族對於個人社會地位的規劃。

　　阿里山鄒族每一個大社聯合其分出小社的聚落成為完整的部落。部落首長 *peongsi* 是整個部落 (*hosa*) 的社會價值中心、統攝社地之內的社民。部落首長 *peongsi* 一語的意思是「女王蜂」、「樹之根幹」等意思。在較長的歷史階段中，部落首長 *peongsi* 本質是一種開放的職位，容許部落中具有才幹之士較多的世系群彼此競爭。一旦就任之後，職位之擁有者便具備該職位所賦與的權力。職位之擁有者不斷地面對絕嗣與因殘暴而被推翻改換的事實，部落也藉此保有其活動而非凝滯的生機。例如特富野社之 Niya-hosa 至 Kautoana 的轉換，達邦社 Uyongana 至 Tapangu 的轉換。部落首長 *peongsi* 並非由部落居民選舉或擁戴出來的，而是屬於某一個氏族，事實上，當擔任部落首長 *peongsi* 的世系群內已將絕嗣時，繼任的部落首長 *peongsi* 也經常將其他世系群中之才幹之士，過繼或直接轉換到其世系群之中。例如前述的特富野部落首長 *peongsi* 由 Niyahosa 經 Aké-yamugumuua 而至 Kautoana

---

❽　佐山融吉 (1915：28)，余萬居譯。

世系群，就是此種情況。這個世系群一旦取而代之，就代代
為部落首長家系了。

　　做為一社之長的 *peongsi*，備受社民的尊敬和禮遇。例如
家有喜慶以邀得部落首長 *peongsi* 參加為榮幸、宴中斟酒以
部落首長 *peongsi* 最為優先、儀式活動時頭戴「部落首長之
帽」以象徵有別於一般社眾與 *eozomu*。而每年的小米播種及
收割儀式，部落首長 *peongsi* 所屬氏族，特別是其世系群，都
要比其他氏族早一、二天舉行。對鄒人而言，部落首長 *peongsi*
雖統攝一切部落內部與外交事務，但是在戰鬥時則需由具備
了 *eozomu* 資格者來領導，除非如特富野社將部落首長 *pe-
ongsi* 與 *eozomu* 合而為一，否則即使地位崇高無比的 *peongsi*
也不能對 *eozomu* 的決策有任何意見。一個部落首長 *peongsi*
不但有權命令及役使社民，使其服務於社內公共事務，甚且
如果社民違背命令或破壞社內風俗習慣時，他有權懲戒；社
內民眾的遷離與遷入，都需由部落首長同意。❾部落首長 *pe-
ongsi* 對外代表整個部落，這種情形不但在清代是如此，即使
在日本人的「理番政策」之下，各社均設立「頭目」，表面上
部落首長 *peongsi* 只能代表其所居之社，小社則另有負責人。
實際上，日人的政策並未打破強固的部落組織以及大社部落
首長 *peongsi* 的強烈認同感，而維持了大小社的階序關係。此
種情況，當與日治以來一直未曾間斷舉行的 *homeyaya* 儀式
有關。換言之，儀式行為相當程度地維持住傳統不平等的階

❾　小島由道 (1918 : 353)。

圖7　特富野頭目與勇士

序社會基礎。

　　首長的權勢雖有如上述般的強大，卻也有來自部落中的
mameyoi 及部落會議的制衡。部落首長 *peongsi* 不能獨斷地
決定重大的事件，如出草或防禦外敵、會所重建等事宜，都
需要與 *mameyoi* 商討或在部落會議中集思廣益地討論之後
才決定。事實上，部落會議中的發言者，大部分都具有 *eo-
zomu*、*maotana*，或氏族族長的身分。因此，最能制衡部落首
長 *peongsi* 之政治權力的是 *mameyoi*。❿ *Mameyoi* 在日常事
務上負有被 *peongsi* 諮詢、協助 *peongsi* 執行各項決策、輔佐
由 *peongsi* 主持之公眾事務，甚至於在沒有 *peongsi* 氏族的小
社裡面，負起「分社頭人」的責任（然而不可稱為 *peongsi*）。

---

❿　同上書，頁354。

在鄒人的政治結構中，部落首長 *peongsi* 與 *mameyoi* 是一組
相互對立卻又相輔相成的職位概念，部落首長 *peongsi* 只有
一個，然而每一個 *mameyoi* 卻均潛隱著成為部落首長 *pe-
ongsi* 的可能。

　　這種情況同樣可見之於部落首長的繼承現象之中。長子
繼承名位及重要財產的觀念，實際上主要是鄒人理想上的一
個設計。對整體的政治社會生活而言，首長必須足以顯示出
強勁的能力，因此除非該首長的兒子能力足以擔任首長的職
位，否則家族內的長老必將由家族中擇取「才幹之士」取代
「愚昧之人」。而在世系群與氏族之中一般都有其所謂「主宰
之人」，❶然如前所述這些人並未具備足夠代表其地位的稱
呼，族人往往以 *mameyoi*（長老之意）稱之。由於土地制度
等財產的公有，因此並未產生絕對的嗣子繼承制度。氏族與
家族之長一般是由族人之中最富才幹並通曉族中或社中事務
者擔任，所以就家長的成立而言，雖然大半是由長男繼承，
但也有由其他兒子繼承的，甚至於長男分住的情形亦不在少
數。一旦被視為族長或家長，對外他就代表整個家族或氏族，
如果族人有犯罪行為，則必須擔負連帶責任；對內他則宰制
公有財產之使用與仲裁糾紛，分家與主婚亦由其同意後主持
之。家長督導所有家族成員，促其勤於維生之業並糾正其怠
惰與歹行，若有不從者，尚可加以懲戒。❷而每一個世系群

───────
❶　小島由道 (1918 : 277)。
❷　同上書，頁 278。

的族長，有權代表該世系群出席部落的長老會議 (*eupepeah-aguyu*)，與主持世系群單位的宗教儀式。❸

對政治體系的內在穩定性與整合的要求而言，宗教與政治權力為一體兩面之事，在社會化的過程中，個人因兩種能力的擁有而強化其社會地位。領導權的神聖化與其具有嚴格限制的可競爭性，共同形成體系強固凝聚卻又合理運作的機制。權力一方面可以是穩定的（有秩序的），其傳承或掌有者的能力足以保障或促進整體之利益或大多數人的權益，其有形無形的力量使他人無法挑戰，且這個時候利益暫時對等或均分，有時更具備了超越實際利益的象徵結合，足以做為穩定的機制。另一方面權力又有其不穩定的一面，比方說傳承者或掌有者的能力或其幕僚無法保障或促進整體的利益，有形無形的力量呈現出可以被挑戰的樣態，利益不能均分或再遭受外界力量的介入，沒有超越實際利益的象徵結合。面對這種種不穩定的因素，鄒族以其原有的社會結構與文化價值做為維護或回復秩序的基礎；通過宗教儀式的施行，結合了外在資源，以提昇家族或個人的社會地位。不同階段、時間、情境之下所衍生出來的儀式行為，正足以界定種種轉換的社會性需求，並有助於鄒族社會的動態性穩定。

---

❸　衛惠林等 (1952：103)。

第三節　權力性質的延續與變化

　　阿里山鄒族對內的基本政治單位為一個包含數小社的大社部落，部落組織形式從血緣的凝結到以會所為中心的地緣整合，內在分化以親屬制度中氏族的高低地位為主要依據，並有著個人能力和年齡因素的基礎，權力的形成不但有賴於經濟組織及其運作方式的支持，宗教信仰與儀式，更成為社群認同與結構穩定的內在原則。而鄒族政治制度之變遷，亦明顯地呈現出受到非政治因素運作的影響。

　　根據日本殖民主義南進政策所擬定出來的各項方法，實際上並未完全打破山地社會的原有社會組織原則；反而，因其實施間接統治的結果，一方面維持了原有社會組織原則，另一方面確定了與外力接觸之下所顯示出來的結構特性與社會階層化現象。這種情況尤以在鄒族最為明顯。由於日人在各大社與小社之頭目的指定，是以原有的領導者如部落首長 *peongsi* 家系的人擔任，而且並未禁止傳統儀式如小米收穫祭 *homeyaya* 的進行，甚至於有關獵頭、會所重建等重大事件之後所舉行的戰祭儀式 *mayasvi* 也未強制停止，只是規定每年八月十五日時統一舉行。因此，對達邦與特富野而言，日人的政策並未引起任何社會結構的解體現象。派駐在達邦的警察，經常是與二大社的頭目聯合維持部落的社會秩序；其輕微之犯罪，往往是經過頭目予以處罰之後再交予警察處理，

而傳統在 *homeyaya* 之後舉行的公眾笞刑，亦維持不輟。大社頭目與小社頭目之間的層級 (rank) 關係，因強固的部落組織與價值的維繫，此種關係在每年進行有關 *mayasvi* 儀式及 *homeyaya* 儀式中，小社頭目須回到大社協助頭目處理各事項，以及在儀式過程裡面所處的結構位置等現象上呈現得很清楚。

在 1930 年日人的統計中，鄒人中即已有四人擔任州廳巡查，二十二人擔任州廳警手，協助阿里山治安工作。其中顯示出原有社會地位較高之世系群，在涵化的過程裡面有助於其與外來者接觸，而保持原有社會地位。同時也呈現原有政治結構中部落首長 *peongsi* 只是一個職位，其四周之競爭者（各世系群的族長 *mameyoi*）才是整個政治運作過程的重要角色，也不斷給與部落首長 *peongsi* 的擁有者實質上的威脅。這種情況，且又因為世系群如 Yatauyongana 與 Yaisikana 數人之與外界主動接觸而加強。然而，除此之外在傳統社會中地位較低的分支世系群，也開始藉由自己的努力，尤其是經由教育途徑以獲得較高的社會地位，如 Tiakiana（鄭家）與 Poitsonu（浦家）便是很明顯的例子。這種情況尤其呈現在當代社會階層形成之現象。上述兩種情況，也顯示在日治時代達邦之「自治會」組織上。

由於日人行政體系的介入，雖然所行使的是警察制的委任頭目間接統治，表面上對於社會組織並無深刻的影響，然而實際上因為族群與族群間的對抗爭戰為國家勢力所消弭，

不但造成傳統社會權力來源之一「戰功」的基礎受到動搖，導致 *eozomu* 地位的沒落；而且，也因為效忠與輸誠的對象逐漸轉移到國家體系，社會整合的力量亦為國家武力的合法性使用所替代，部落首長 *peongsi* 的傳統權威，尤其是其司法制裁的權力亦受到影響；而隨著日人在理番計畫後實施水田耕作的推廣，部落首長 *peongsi* 在小米收穫儀式的角色，亦因小米田的日益減少，甚至於只剩下專為舉行小米收穫儀式 *homeyaya* 的一小塊小米田，導致部落首長 *peongsi* 的社會地位昇華為部落傳統社會的儀式性象徵，只在進行有關小米收穫儀式 *homeyaya* 與戰祭 *mayasvi* 儀式中才呈現出其原有的地位與價值。就達邦與特富野而言，日治行政體系介入之後，新的社會階層以警察與師範學校畢業生所形成為主，其中又以警察最多，在社會教育上亦擔負了教育的重任，而其成員主要是以傳統社會地位較高之世系群為主，此種情況亦延續到光復初期。

　　光復後首任村長乃官派，由原自治會會長擔任，其餘自治會內的組長轉任鄰長，村幹事則因實施地方自治而確立，前二者亦由於地方自治的實施，由民國三十九年起改為民選，整個村內政治組織自此步入另一個階段。由於村內領導者的崛起方式改為選舉，也因此促成傳統社會的組織原則再現，這種情況不但見之於村長的選舉，也見之於鄰長成員中，甚至由於鄰長可由村長指派，更呈現此一特色。而由於傳統社會結構原則的影響，其連任的情況非常多，甚至於往往只有

一人出馬競選。以村長為例，一直要到 Avai-e-Peongsi，才有達邦的人出來競爭。由於現行體制將達邦與特富野兩社合併在一起，也造成同一職位由二社政治菁英興替但以特富野社較具優勢的現象。九任村長中有六任是特富野社的人擔任，只有三任為達邦社所掌握，而在鄉長中亦如此。

即使是在現代行政體系裡面，傳統社會中長老還是具備很大的影響力，這可以用下面的例子來說明。屬於達邦社的 Niya-uchina 小社，1981 年時曾有 Yakumangana 氏兩個年輕人想要出來競選鄉民代表，其中一人由於是海軍陸戰隊出身，有上尉軍官的資格，曾擔任鄉山地後備連連長，因不服社內長老的勸導放棄鄉民代表的競選，結果被長老處以笞刑。處罰之後他還是不服氣，認為有可能藉由外在的協助而當選，然開票的結果卻落選，因為其本家 Yakumangana 不但因長老的影響而不投他的票，甚至牽動其他社內投票人的意向。對鄒人來說，經長老協商或正式會議後所推出來的人選，具有代表全社價值的象徵意涵，而且一旦決定之後，整個社會體系中的每一分子均須尊重此人。這種在一個中心旁列數個分支的結構原則之下，所表現出來對長老或某一中心強烈認同的傾向，一方面有助於整個社會的有效凝結；另一方面卻也因為如此，而造成光復後的政治菁英藉由外來勢力造成在部落內的穩固社會地位的情形。此外，因達邦與特富野兩度涉及歷史事件，事件本身對當事人及其後代、甚至對整個社會，都建構出某種形象陰影與矛盾間隙。在村內較高的領導層次

如鄉長、縣議員的職位，往往藉由外在勢力與內在結構原則，形成一些不斷重複與幾近於永固的社會地位。此種因外在壓力或領導者的領導趨向所影響而易於接受現實狀況的現象，早見之於清代、日治時期，甚至於光復初鄉人與外在世界接觸的情形。

對鄉人而言：「我們總是要有一個中心，如果沒有 *peongsi*，就是由 *eozomu*，沒有 *eozomu*，就由力量較大的族長 *mameyoi*，如果沒有 *mameyoi*，就是由較有力量的家長或是勇士 *mautanu* 來指揮領導各種公眾事務的推行。而且我們常常是一呼百諾的，往往只要領導人講一句話、說一個意見，大家就很容易的跟著做，很少有反對的意見。」當然，「我們知道這樣有時候很容易做事，但是我們也知道這樣很容易因外面有壓力或引導就會順服了。」不論如何，領導人是中心、本源；不但擁有權力，也要能為追隨者開創出新局面。這些政治觀念，決定了當代鄉之政治人物的行為取向。

1945 年吳鳳鄉設立鄉治於達邦村，達邦與特富野合併為同一村治，鄉長即由最早率領族人與漢人政府接觸之 Uongu-e-Yatauyongana 擔任，達邦村長由原自治會會長 Yusungu-e-Yatauyongana 擔任，原有組長則轉任為鄉長；而位於鄉治所在的達邦村，也由於鄉公所的設立，而引入了漢人行政人員如當時的副鄉長、股主任等。而納入現代國家行政體系中的達邦與特富野，除了深刻的受到行政體系中之政策如山地教育法規、村里行政組織章程等影響之外，結合了既有權力與

階層觀念的政治事件也扮演了塑模當代政治現象與結構的一個重要角色。

1947年，嘉義縣吳鳳鄉首次保送十個人至嘉義農校初級部就讀。三年後二人留下就讀高級部，另外八人則分發至臺東農校；十人當中的六人又於1953年參與考試院主辦的山地生職業學校就業考試，分發鄉內各地實習，從此扮演重要政治角色。除此之外，1950年畢業第一期的臺中簡易師範畢業生，由第一期至第五期共錄取六名，全都是達邦村內人士，亦在日後行政體系中發揮其影響力。而村里行政組織的數次變革，及其中成員的興替無疑更是影響部落首長 peongsi 及傳統世俗權力的要因，例如在歷屆村長中，屬於達邦或特富野部落首長 peongsi 之系統者各只有一人。

人們固然跟著既有的領導人物走，領導人物也被社會賦權應有一番作為。正因為如此，鄒人捲進1947年的「二二八」政治事件與日後的「匪諜案」。前者，因涉入者自首而未擴大事端；不過，五年後與蔡孝乾有關的匪諜案，則導致 Yatauyongana（高一生）、Tapang（方義仲）、樂野 Peongsi（汪清山）與 Mukunana（武義德）、Tosuku（杜孝生）、Yudunana（湯守仁）等世系群中的日治後期政治菁英被拘或被槍斃。

從此以後，不但傳統社會地位較高者的世系群人才保存與崛起受到影響，而且產生大社會握有權力之團體（國民黨）對鄒人的刻板印象，一方面導致政治掮客可以運用各種外在關係與內在間隙，促成其永久的政治生涯；另一方面社會內

部形成「歷史事件的威脅意識」。阿里山鄒人不但深切地感受到歷史事件對他們所產生的壓力，也以曾經發生過的歷史事件來解釋鄉與村內的政治現象或其本身所遭遇的對待，從而不是對壓力產生認命的感覺，就是轉而附屬於外來勢力（如政黨），也因此展現出傳統政治社會結構原則的再生。

　　所有涉入歷史事件者之後代，較無法在行政體系中繼續獲得地位，因此傾向於以個人本身的能力與原有家族所掌握的外在資源，活躍於村內其他的社會活動如西洋宗教的組織與活動、介入市場經濟體系成為企業家、參與各項考試成為醫師或教員。而未遷涉到該歷史事件者，則掌握了穩固的行政領導者與民意代表之地位。即使在需要透過民眾選舉才能獲致地位的場合上，這些人也因為與外在勢力如日治時代的警察制度與光復後的政黨有較密切的關係，導致某些人雖然在村的層次甚至於鄉的層次較受到村民支持，亦無法與之競爭，使後者持續地轉任各類領導地位。這種情況以鄉長、代表、縣議員等的競選最為明顯，即使有競爭者出現，也很容易經協調之後退出，全部選民均傾力支持這位「個人競選者」，也因此經常出現高票當選的情況。這種傾向於以一個主體為中心，全力促成行動目標或容易受外力影響而妥協（因為領導者的趨向之影響）的情形，不但見之於前述形式上職位的轉換過程之中，同時也見之於社會活動之組織、磋商與決策過程。而由於行政體系、教育體制、市場經濟體系之介入，與傳統的社會組織原則相互作用，不但造成原有地位較高之

世系群得以在新的社會制度中，獲得較多的機會；同時也因涉入的歷史事件，而使得原有社會結構原則重現。歷史事件所產生的壓力對鄒人而言是直接的、有所感觸的，在其受到威脅的意識形態中，很容易地以原有社會結構方式來適應，造成具備傳統地位背景者的崛起與確立，同時也更加強了主動對外接觸者地位的穩固性。

　　近年來，阿里山鄉基層的政治生態受鄉長選舉影響，尋求鄉長寶座的競逐者，利用鄒族內部本身的間隙與外在勢力聯盟，阿里山鄉長選舉從第十一屆鄉長起開始有明顯的轉變。❶

　　鄉鎮縣轄市級政府的行政機關為鄉鎮縣轄市公所，置鄉鎮縣轄市長一人，採首長制，由鄉鎮縣市民選舉產生。阿里

圖 8　投票的鄒人

❶　以下關於阿里山鄉的選舉與政治的研究，亦參見李天民 (1998)。

山鄉為「山地鄉」，自實施地方自治以來，鄉長必須由原住民擔任，又因為現代國家社會科層體系制度入侵原住民傳統部落社會，使得傳統鄒族部落的政治社會結構受到外來行政系統的挑戰，大社與小社之間政治權力連結，成為儀式活動的表徵。對鄒人而言，鄉長一職並無法全然取代頭目、長老制度，成為一種完整的權力與領導的核心。但是由於鄉長一職具有重要且實質的意義，使得原本在大社與大社之間，或是家族與家族之間競爭的情況，反映在鄉長選舉的競爭上。由於傳統鄒族長老會議的式微，從第十一屆的鄉長選舉開始，阿里山鄉鄉長候選人出現多人角逐的現象，平地人因此在整個鄉長選舉過程中，成為一種關鍵性的角色。

　　平地住民的票數雖然和鄒人的票數比較起來顯得略遜一籌，但是大家在投票的時候都會先講好，幾乎全部的票都會去支持特定對象。相較於平地住民在選舉投票時的凝聚力，鄒族在投票時較為分散。正因為如此，平地住民自然成為鄉長選舉當選與否的關鍵，也就成為這些政治人物們所極力爭取聯盟的對象。位居鄉長勝選關鍵地位的平地住民，與何人結盟或支持何人當選鄉長，取決於何者能帶給他們利益。由第十一、十二屆鄉長選舉可以很清楚地理解，某一鄉長候選人與平地住民的聯盟，成為鄉長選舉勝敗的關鍵。

　　國民黨對鄒人的控制源自於前述「二二八事件」，爾後，由於國民黨控制力量的式微，面對多人出馬角逐無法協調的情況之下，變成了原本可能只是潛在競爭者的人選一一浮上

檯面角逐鄉長寶座。近幾年來，鄒人在推出鄉長候選人的時候，面臨整合協商不易，加上個人理念不同，積極熱衷地參與政治遊戲，開始呈現多人角逐鄉長一職的形態。早期鄒族的長老會議具有相當程度的約束力，很容易發揮協調整合的作用。通常協調的方式是先讓某些有意競選公職的人，某人先當縣議員或鄉民代表，另一人先當鄉長，下一回再以輪替交換的方式促成協商的成功，以化解有意投入政治的族人彼此之間的競爭。

由各個家族長老所組成的長老會議，具有相當大的權威議決族裡的公共事務，就連在推出鄉長的人選時也不例外。在長老會議的決定之下，只產生唯一的鄉長候選人，這是阿里山鄉第十屆以前的鄉長選舉僅出現唯一候選人的原因。但是這並不意味欲出馬角逐鄉長一職的實際人數僅有一人，因為在各家族長老們事先協調的過程中已經勸退了其他的競爭者，而產生了僅有的鄉長候選人。對鄒人而言，經由長老協商或正式會議後所推立出來的人選，具有代表全社價值的象徵意涵，而且一旦決定了人選之後，整個鄒的社會體系中的每一個分子均需尊重此人，出現高票當選的情形。

在一個中心、旁列數個分支的結構原則之下，表現出對長老或某一中心強烈認同的傾向，一方面有助於整個社會的有效凝結，另一方面也因為如此，造成光復後的政治菁英，懂得借由外來助力穩固其在部落社會中的政治地位，對於有心的政治掮客而言，他更可以用內部社會組成原則所產生的

間隙經營其政治生涯。

第四節　結　語

　　阿里山鄒族的族群政治領域 (hosa) 由一個大社（也稱為 hosa）聯合數個衛星小社構成。到日治時代還存在著達邦 (Tapang)、特富野 (Tufuya)、魯富都 (Luhutu) 三個「大社」。在鄒人的理念中，一個「大社」包含許多由大社分支出去的小社，結合成一個完整的部落。光復以後，除魯富都以外，全部劃入阿里山鄉治內，達邦與特富野在傳統部落劃分中雖屬不同範圍，光復後被編為同一個村單位稱為達邦村。達邦村目前是整個阿里山鄉治中心。

　　族群領域與活動疆域（或稱「獵場 hupa」）被鄒人視為自成範圍的政治經濟單位。矗立在大社的男子會所，是鄒部落生命、族群政治領域的特殊象徵；由大社分支出去的小社則沒有「真正的」會所，只能建構「類似的」集會場地；❶⑤無論在軍事行動、政治運作、經濟活動與宗教儀式的舉行，眾衛星小社都以大社馬首是瞻。男子會所由部落首長家族

---

❶⑤　這種「真實的」與「類似的」之間的區分存在於鄒人的日常思考中。即使鄒人受博物館委託建構一個一公尺見方的男子會所「模型」，鄒的頭目與長老們也建議製作人將模型內橫撐的位置加以調整（由右方移到左方），藉以進一步的確認即將擺置於博物館的「kuba 模型」「並不是真的 kuba」。

(*peongsi*) 管理，擁有獨特「頭目冠 (*tafange*)」的部落首長 (*pe-ongsi*)，❻是整個鄒族部落政治單位之代表。男子會所前的赤榕樹 (*yono*)，不但因其樹葉是大神 hamo 用來創造鄒人的素材，更由於每年定時落葉再生、主幹 (*peongu*) 不斷分出新支 (*ehnti*) 的特性，使其被視為「神樹」。干欄式建築的「男子會所 (*kuba*)」與赤榕樹，共同成為鄒部落的象徵。

鄒族社會的組成方式呈現出：一個主要中心、周圍環繞數個外圍小旁支的特徵；而中心與邊陲、主幹與旁支彼此之間，涵蘊明顯不平等的高低階序關係。這種組成原則，可以見之於部落組織中的一個中心大社、包含數個分支於各地的小社，一個主要家屋、包含許多個分支於各地的耕作小屋，部落內的頭目和其分支的幕僚長老、族長及其族人們，最高的天神和其他各類管戰爭、狩獵、獵場、土地、河流、稻、小米等的神靈，部落內的會所和其他家屋……等關係中看出來。以人類學家李維史陀 Lévi-Strauss 的術語來說，鄒的社會組織可視為屬於由中心和外圍，共同結合而成一個「二元對立同心圓 (concentric dualism)」的結構範疇。❼這種社會組成原則在傳統山田燒墾與漁獵的經濟過程中得到支持。比方說：住在「大社」、「本家」的世系群族長，往往可以擁有較大的儀式與經濟權力；在狩獵與戰爭中尊重權威的共享性分配原則之下，獵物與土地更因此而集中於部落頭目或征帥之家。

❻ 或約定俗成地以清代以來的稱呼「頭目」稱之。

❼ Lévi-Strauss(1963：149–152).

這種社會組成原則同時更透過父系氏族的親屬連結，男子會所與年齡組織的運作，以及對部落首長所代表的整體部落價值輸誠效忠（*peongsi* 結合了「樹的根幹」和「女王蜂」的意象）而得到其整合和延續。社會形式造就了鄒的權威觀念，影響當代政治人物（如高一生等人）開創社會新局的行為。

日治以來，各聚落原有的從屬關係被國家體系解除。達邦與特富野在傳統部落劃分中雖屬不同範圍，現則編為同一個村單位。達邦村成為阿里山鄉治行政中心。雖然如此，前述傳統鄒族社會以大社 *hosa* 與幾個小社 *denohiyu* 連結為一個整體的觀念，依舊藉由宗教儀式的舉行與其他文化形式的實踐，而得以持續維繫下來。

外來的行政組織提供的新職位，與傳統的地位擁有者密切地整合，不但依舊保持原有階層社會的特性，並且因為強固的部落價值和組織原則與政治事件和外在勢力交相運作，導致其系統內的穩定性。因此，基於氏族組織原則而來的整合力量，與基於科層組織原則而來的行政體系，在強大的外在勢力與政治事件影響之下，不但未產生內在的緊張與不穩定，反而在變遷的結構重整中，回歸舊有的組織原則。這種情況，無論在新的民間團體組織形式及實際運作上，在社內公共事務的決議與推行上，在長老與年輕一代或職位較高與職位較低者的關係上，或在新的青年團體的形成及運作上，都顯現得非常清楚。

第五章
親屬、小米與家屋

一般認為鄒族為一較成熟的父系社會，氏族系統與繼嗣制度都是父系的，居處法則亦為從父居，最主要的婚姻形式是嫁娶制，盛行男到女家的服役婚和二氏族間的交換婚。阿里山鄒族的社會結構，藉由作物和物質表徵（如「家屋」與「禁忌之屋」）的積極建構，界定了親屬的範圍，以做為部落組成的原則。

第一節　親屬範疇與氏族組織

阿里山鄒人的親屬關係主要由三個基礎所組成，即因血緣、婚姻與收養而結合成親屬關係。其氏族系統與繼嗣制度，均為父系的 (patrilineal)，居處法則亦為從父居 (patrilocal)。[1] 鄒人雖盛行服役婚 *fifiho*，但是男子並不成為妻族的一員，在宗教儀式或婚喪儀式中，仍回其家族中參加。

鄒族的社會基本構成單位稱為 *ongko no emo* 之父系親屬群，以禁忌之屋 (*emo no pesia*) 及獸骨架（*tongvofusuya* 或 *hehu*）為兩項重要象徵物，一個 *emo* 必須同時具備二者，否

---

[1] 衛惠林等 (1952 : 103)。

則不被視為「真正的家」；通常，在大社的 *emo* 聯合了幾個父
系家庭，有共同耕作、共有河流漁區、共行與小米有關之儀
式等關係，阿里山鄒人稱之為 *ongko no emo*（世系群）。❷ 土
地雖屬氏族所共有，但實際的權利則在世系群 *ongko no emo*
之上。世系群是鄒族社會的基本構成單位。

　　一般而言，*emo* 主要是用以指稱家屋，其對立的指涉對
象則為 *hunou*，意謂耕作小屋；如果同屬於一個世系群的人，
因覓地耕作而遷移於他處，不論其所建者為 *hunou* 或日後發
展成 *emo*，均以其所分出為本家，稱為 *atufutsu no emo*，意謂
「樹幹之家」，主要宗教儀式均在此 *atufutsu no emo* 中舉行。
而成立於他處之家屋 *emo*，沒有禁忌之屋及獸骨架。如此以
一個大社的 *emo* 為中心，衍生出一些可以視為分家的耕作小
屋 *hunou*，而個人或家庭遷移於他處興築耕作小屋之後，仍
然與原社的 *atufutsu no emo* 維持密切之分支、階層化的關係。
雖然如此，這種分支關係，並不顯示出直系與旁系類似的系
統問題。因為有時原住在 *emo* 者，遷往 *hunou*，而原居住 *hu-*
nou 的人或是外來者反而居住到 *emo*，這種情況並無損於本
家的象徵性關係。因此，「其本家與分家之關係，乃固著於大
社部落而經由 *emo* 與 *hunou* 之建築物所確定」。

　　根據馬淵東一 1935 年的調查，北鄒族中的 Imutsu、Tu-
fuya、Tapang 三社全部家庭數為兩百六十六個，世系群數為

❷　馬淵東一稱之為「聯合家族」(1937)，衛惠林則稱為「亞氏族」
　　(1952)。

圖 9　男子會所與神樹

六十九個，每一個世系群平均包括四個家庭；每個世系群約有二十三人，每一家庭則約有六人。❸世系群是實際使用耕地、漁獵場、儀式用旱田的單位；耕作收穫的小米，則收藏於大社家屋 *emo* 中的禁忌之屋，每年小米收割後的家屋 *emo* 儀式也以世系群為單位分別舉行。

　　由世系群 *ongko no emo* 組成之更大一個親屬團體稱為氏族 *audumatsotsong no aimana*，其內的親屬關係很明確，是一外婚單位、具有氏族的性質，❹共有獵場、耕地。同一氏族中以最早確立的本支為「本家」，並以之為名。例如，在 Yasiyungu 氏族中，包括 Yasiyungu, Mukunana（自 Yasiyungu 分出），Tieakeana（為 Yasiyungu 之養子），Yasakiei（自

❸　馬淵東一 (1937)。

❹　衛惠林等 (1952)。

Yasiyungu 分出），Teneoana（為 Yasiyungu 之養子）。此外，除了因血緣關係而繁衍出世系群之外，鄒人亦有由世系群締結成氏族關係的習慣。❺ 舉例而言，Yatauyongana 氏族之中，便包括了沒有血緣關係的 Yatauyongana、Noatsatsiana、Eutsina 等世系群 *ongko no emo*。這些世系群之間雖無親子或兄弟等血緣，但「共有土地」並「禁止通婚」，因此「產生完全相同於血族之關係」。❻

　　氏族不但是外婚的單位，就整個部落組織而言，它也扮演拔擢部落領袖的特定範疇角色。在世系群與氏族之中，一般都有其「主宰之人」，然這些人並未具備足夠代表其地位的稱呼，族人往往以 *mameyoi*（長老之意）稱之。由於土地制度等財產的公有，因此並未產生絕對的嗣子繼承制度。氏族與家族之長，一般是由族人之中最富才幹、並通曉族中或社中事務者擔任，所以就家長的成立而言，雖然大半是由長男繼承，但也有由其他兒子繼承的，甚至於長男分住的情形亦不在少數。一旦被視為族長或家長，對外就代表了整個家族或氏族；如果族人有犯罪行為，則必須擔負連帶責任；對內他則宰制公有財產之使用與仲裁糾紛，分家或主婚亦由其同意後主持之。家長督導所有家族成員，促其勤於維生之業並糾正其怠惰與歹行，若有不從者尚可加懲戒。而每一世系群的族長，有權代表該世系群出席部落的「長老會議（*eupepe-*

---

❺　參見小島由道 (1918：237)。

❻　同上書，頁 237。

ahaguyu)」，與主持世系群單位的宗教儀式。氏族及世系群系統參見下表。

表 1　阿里山鄒族氏族及世系群系統

氏族 *Audumatsotso no aimana*	世系群 *Ongko no emo*	主幹與分支 *Peongu ho ehnti*	Mono- Pesia	Hosa	漢姓
1. Nia-hosa	Nia-hosa	來自 Patunguanu 的老世系群		Tufuya	梁
	Tututsana	Nia-hosa 兄弟家族		Tufuya	朱
	Akuyana	Nia-hosa 分支	◎	Tufuya	陳
	Yavaiana	Tututsana 兄弟家族		Tufuya	陽
2. Vayayana	Vayayana	來自 Patunguanu 的老世系群		Tufuya	汪
	Kautoana	Vayayana 分支，現任 *peongsi*	◎	Tufuya	汪
	Yabasuyonga-na	Vayayana 分支		Tufuya	葉
	Nia-yabasuyo-ngana	Yabasuyongana 分支，絕嗣			
3. Tapang	Tapang	Nia-uyongana 分支，現任 *peongsi*	◎	Tapang	汪
	Tapang	Nia-uyongana 分支	◎	Tapang	方
	Nia-uyongana	原任 *peongsi*		Tapang	吳
	Nia-moeoana	Nia-uyongana 兄弟家族	◎	Tapang	毛
	Tabunuana	Tapang 收養，絕嗣		Tapang	陸
4. Yatauyongana	Yatauyongana	來自 Patunguanu 的老世系群	◎	Tufuya	高

				Tapang	高
	Noatsatsiana	來自 Patunguanu 的老世系群	◎	Tapang	莊
	Yoifoana	Noatsatsiana 兄弟家族	◎	Tapang	莊
	Eutsina	來自 Patunguanu 的老世系群	◎	Tapang	溫
	Nia-eutsna	Eutsina 兄弟家族			溫
	Ayaungana	來自 Patunguanu 的老世系群			
	Poitsonu	Yatauyongana 收養		Tapang	浦
				Tufuya	浦
	Usaiana	Poitsonu 收養，布農			宋
	Anuana	Poitsonu 收養，布農			湯
5. Tosku	Tosku	來自 Patunguanu 的老世系群	◎	Tapang	杜
			◎	Tufuya	杜
	Yangumanga-na	Tosku 分支	◎	Tapang	楊
	Nia-basuyana	Yangumangana 分支		Tapang	楊
	Guladana	Yangumangana 分支		Tufuya	楊
	Yavaiyana	Yangumangana 分支		Tufuya	楊
6. Yaisingana	Yaisingana	來自 Patunguanu 的老世系群	◎	Tufuya	石
	Voyuana	Yaisingana 分支	◎	Tufuya	石
	Nia-voyuana	Voyuana 分支		Tufuya	石
7. Yasiyungu	Yasiyungu	來自 Patunguanu 的老世系群	◎	Tapang	安
				Tufuya	

8. Yulunana	Mukunana	Yasiyungu 分支	◎	Tufuya	武
	Tiakeana	Yasiyungu 收養，非鄒 non-Tsou		Tufuya	鄭
	Yasakiei	Yasiyungu 分支		Tapang	洋
	Deneoana	Yasiyungu 收養		Tapang	田
	Yulunana	Mukunana 分支		Tapang	湯
				Tufuya	
	Mvhozana	Yulunana 兄弟家族		Tufuya	葉
	Luheatsana	Yulunana 兄弟家族		Tufuya	羅
	Yiviana	Yulunana 收養，布農			李
	Nia-yaitsiana	Yulunana 分支，絕嗣			蔡

資料來源：佐山融吉 (1915)；馬淵東一 (1937)；衛惠林等 (1952：100–101)；王嵩山 (1990：101)
◎為有「禁忌之屋」的世系群。

　　由上述狀況，我們不但可以看出 *emo* 與 *hunou* 的分支結構與從屬關係，亦呈現出由 *audu matsotsong no aimana*（氏族）至於 *ongko no emo*（世系群）的分支結構以及系譜上的從屬關係，以及在一個 *ongko no emo* 中所包括的數個 *tsuo no suijyopu*（意為「一座之人」，被引申為「家」）的分支結構與系譜關係上的從屬原則。

　　世系群之內的成員有很清楚的血緣關係不能通婚，而擴大至氏族單位，亦存在著婚姻禁忌，因此在鄒族的社會體系中，氏族是一個外婚的單位，鄒人稱氏族之間的婚姻為 *yuenu bonubo*（意謂「自綁」）。達邦大族 Tapangu 與 Noatsatsiana 以及特富野大族 Kautoana、Akuyana、Yaisikana、Mukunana 與

Tiakeana 等,在氏族外婚中聯姻範圍的廣泛,也使世系群的政治影響力,有其親屬關係上的基礎。

日治初,鄒族每家平均人口為達邦大社十七點三人(小社平均九點一人)、特富野大社十二點六人(小社平均十點五人);至於達邦與特富野及其所屬小社合計,每家都是十一點三人。及至馬淵東一在 1935 年調查時,每家人口平均數已降至六人;此種人口數的下降情形,或與日人戶口調查而確定其分戶政策有關。然鄒族的基本社會單位並不在此家之上,而是世系群,依據馬淵東一之調查,一個世系群之人口約為二十三人。❼部落中僅有世系群的本家 emo 擁有「禁忌之屋」與「獸骨架」。世系群之下的家庭形態,則為擴展家族形態,由父系親子系絡與同胞關係的連結組合而成。此種擴展家庭一直持續到 1950 年間還是佔有絕對的多數(達邦村九十四戶人口中有四十八戶屬此,佔 51.06%),其次則為日治之後才日漸增加的核心家庭 (31.91%)。❽

在擴展家族與核心家庭之中,傳統的鄒族社會亦曾以戰爭時的掠奪、領養孤兒,或經濟資源交換三種方式來擴充親屬系統成員。養子女與養父母及其氏族之間,產生真實的系譜關係,因此不可與養父母的氏族人結婚;即使是後來分家或分住小社,仍為其養父母之氏族的一員。例如:Poitsonu 為 Yatauyongana 所收養、Sangoana 為 Kautoana 所收養、

---

❼ 馬淵東一 (1952)。

❽ 衛惠林等 (1952 : 44–45)。

Tiekeana 為 Yasiyungu 所收養，均成為前述氏族之世系群。
收養是鄒族擴充氏族成員的一個重要方法，另外一個方法即
是婚姻。

第二節　婚姻、家庭與社會

　　父系社會的鄒族，其婚姻最主要的形式是嫁娶制，婚姻
的成立多半是由雙方家長許婚，甚至是在當事人年幼時即已
彼此允諾。❾由此也證明鄒族社會中家長的權威與特定群體
的婚姻交換性質。

　　鄒族的婚姻禁忌範圍，除上述以氏族為外婚單位之外，
也包括了姻親的最近者如母之氏族 (nuvofuza)。亦即不得與
母之兄弟姊妹的子女相婚配。唯自己之子女與母之表兄弟姊
妹之子女間，則不在禁婚之列，因此，「其關係不是由於氏族
之名，而是由於親屬稱謂之名稱相同」所產生。❿鄒人稱母
族 (wife giver) 與出嫁族 (wife taker) 之婚姻為 otechiobe（意
謂「勿返回」）。⓫衛惠林歸納鄒族的姻親禁婚原則為：一、
母之兄弟與姊妹之直系卑親禁婚，但隔代則不在禁婚之列；
二、父之姊妹之直系卑親禁婚，但隔代者不在禁婚之列；三、
凡是互稱為 pupe-nanatoto-ohaisa 者（即從表兄弟姊妹），不

---

❾　佐山融吉 (1915：107–108)。
❿　衛惠林等 (1952：111)。
⓫　小島由道 (1918：287)。

論其屬於親族與姻族皆在禁婚之列;四、凡自己稱之為 *amost-soni* 或 *inotsoni* 者,不能與其子或其女相婚;五、凡自稱為 *peafeoyu* 者不能與其 *nuvofuza* 之同輩發生婚媾關係。❷

　由於鄒族大致上行的是部落內婚,因此在前述禁婚範圍的限圍之下,可以婚姻的對象無形中減少。因此,鄒人(尤其是婦女)與祖母或曾祖母之世系群間的婚姻實行得很頻繁。這種婚姻可視為一種「隔代的交換婚」。也就是說,在祖母世系群而言,第一代從對方父系群體迎娶女子,隔了一代(若是曾祖母時則隔二代),自己的氏族反過來出嫁婦女到對方的氏族。❸如此一來,兩個氏族之間互相成為 *peafeoyu* (甥侄)與 *nuvofuza* (母族)。由於 *nuvofuza* 對 *peafeoyu* 具有巫術能力(呈現在成年禮、去除疾病等之上),這種婚姻形式可以化解相互之間的傾軋、對立與絕對優勢;而姻親關係之交錯聯合,也保證了某種程度的部落整合。交換婚除了在財產與勞力的運作上有其特殊功能,亦凝聚了政治的內在整合。這種多樣的交換(並不只限於姊妹交換),在鄒族社會的施行頗為頻繁。

　傳統鄒族主要行女子婚入男家的嫁娶制,婚姻主權在家長。一旦男女雙方已達成婚年齡,往往由男方家人攜帶酒、糯米糕、獸肉、衣飾等物至女家,與女方的親戚共飲,訂下結婚的日期。婚姻的成立,除了有由父母親決定者之外,亦有提親之事。提親時由男方帶禮物(酒、食品,或山羊、山

---

❷　衛惠林等 (1952:112–113)。

❸　同上書,頁 64。

圖 10　鄒族女子

鹿等鞣製過的軟皮革），請男方家能言善道且社會地位較高的長老去講。提親的時候，都是很間接、迂迴地、漸進地提到正題。鄒人認為提親的氛圍與諮談過程中，「若愈是表現生氣，愈有希望成功」。一旦談妥，就不能再改變，因為雙方都已 *esfutu*（有所約束了）。

　　可以進行提親的前提是因雙方父母很早就講好了（*eiswuta*），在鄒族社會中，信然諾極為重要；*eiswuta* 也用來描述儀式時與神靈的約定、會議或平常討論的決議。若父母已談過的話就決定彼此的親事。挑個適當的時機，就去提親，有時候提親當天就把女孩子帶回來了。有時孩子生下來如果是女孩子，某男方家長就講好說這個以後是我家媳婦，然後帶一些衣服、一些禮物送給她，這個女孩以後就是我家的了，絕對不會再決定第二個人選，講一次（*eiswuta*）即決定。對鄒

族而言，這種從小就決定的婚事，別人不能再來提親，不能變卦，否則兩個家族之間會有很大的爭執，甚至演變成武打的場面。鄒人認為這種情形對整個社會都不好。即使女方發生重大事情讓男方不能諒解，或是男方發生什麼事情讓女方覺得不好，很少發生改變婚約的事情。還是要讓他們兩個在一起，但必須給與嚴重的警告。嚴重警告後，不需要賠償什麼東西。

婚後數天內，新婚夫婦必須住進妻家，替妻家工作，時間不定，約在二至五年間（甚至更長），這種情形鄒人稱之為 *fifiho*。此種「婚後服役」的情形，在漢人與鄒女結婚時並不常見，然漢人須付給鄒女家族「大額銀幣或布匹等，作為聘禮」。❶*Fifiho* 的時間長短不一，有人只有一星期，有人則一直到小孩出生後。如果女方家長滿意其 *fifiho* 成果便遣其歸家。對鄒人而言，*fifiho* 可以說是女家嫁女所要求的「代價」。在交換婚中，雙方議定的服役時間必須相等。事實上，若有姊妹交換婚，則往往無需進行 *fifiho*。

Fifiho 是重要的「聘禮」，*fifiho* 的活動也顯示出鄒人權利與義務關係的一面。*Fifiho* 服役最主要的目的是男子可以協助妻家上山打獵，幫忙在家做田幹活，等於是讓這個男的養這個女的家一段時間，亦可以說是一種考驗。*Fifiho* 無特別禁忌，如男方在 *fifiho* 中過世，妻還是要回到男方家，一段時間以後，別人家可以來提親，這個女孩子因為已經是男方的

---

❶　小島由道 (1918：293)。

人，所以要去男方家提親。男方如因發生不幸事故，女方可以改嫁，但有遺腹子或遺孤，一定要留給男方家，不能帶走。傳統的鄒族社會中，女人對孩子絕對沒有權利。

　　傳統婚禮進行時，先由男家製作米糕、釀酒，帶至女方家，與女方父母長輩飲酒之後，留下禮物將新婦帶回。一兩日後，再回女方家履行 *fifiho* 義務。近年來，婚禮已多半沿用西方宗教禮俗，在教堂完婚。亦有與漢人類似的婚禮之例。婚禮時的婚宴，宣告兩人的關係也等於宣告兩家的關係。男方帶著酒、肉至女方家，再請女方家的親戚到男方家。所有婚禮的事物，都由男方準備，儀式中男方父親會講話，有時也有部落長老或頭目的訓言與祝賀，內容主要是訓勉新婚夫婦以後生活應如何相處。新郎新娘二人在喜宴中並沒有固定位置，通常坐在最親的親友旁邊。男女雙方家長通常坐在一起，年長的親戚與其同桌。婚禮的過程中獵到猴子和山羊等為禁忌，若突然獵到較大的動物如山羊、猴、山豬是凶兆，但如為松鼠和羌則吉。儀式表現出社會關連重於個體獨立性。

　　如果女孩子結婚後不幸過世，還是葬在男方家，會讓她的屍體回家，回去讓家屬看看，然後再帶回男方家。當她的屍體回到娘家時，全部的家屬都要到。親屬還要帶點食物和一些簡單的衣服給喪家。如果女方家長發生急病等特殊事故，沒有辦法參加，就由她們那邊的親戚到場幫忙，因為這個女孩子嫁到男方家，男方是不幸的人，大家都會幫忙。若在 *fi-fiho* 期間女孩子過世，應該履行的 *fifiho* 的義務並不消失，因

為兩家的「約定」沒有設立一定的時間，完全是看女方的父母。但是有孩子跟沒有孩子狀況不一樣，若已有孩子，則 *fifiho* 還是沒有終止，因為他們所生的孩子就是雙方的後代，關係沒有消失。但如果說這個女孩子還沒有孩子，女方父母就讓他自由選擇，就等於這個約束已經消失了。在 *fifiho* 過程中如不幸女方過世，以前也很通行再娶她姊妹的情形，維持住兩家的關係。

在 *fifiho* 期間生小孩，便要帶回男方家。如果是生男孩子，要帶一塊米糕、酒、小公豬；如果是生女孩子，小公豬就換成小母雞。除了夫妻雙方外男孩子的岳父母也要跟回去，當他們到達男方家後，把他們所帶的東西裝在藤簍 *yei(y)ofu* 裡面，交給男方的父母。女方的父親，抓著那些食物，講一些賜福的話，例如：「希望我的子孫都吃得飽，希望我的子女都吃得飽，一直到以後子子孫孫。」接著，他站起來、抬起那個孩子，祝福他能夠健康長壽。通常由小孩的外公從事這個祝福的儀式。儀式完後就聚餐。

如果是結束了 *fifiho*，回到男方家才生小孩的，過程完全一樣，只是變成由男方到女方家，準備的東西也一樣，還是由外公 *aki* 做祝福的儀式。如果外公已過世，可由外婆來代替。回母親娘家的時間不一定，有的三、五天，看他母親身體的狀況好些就可以帶回去。也有因為很窮，沒有東西可帶，一直等到有點東西可以被接受才回去，那時候小孩子也很大了。因此年齡上沒有限制，但是一定要「挑好日子」：沒有聽

到附近聚落有兇殺的事情，或是聽到不好的鳥叫。

　　履行婚約與尊重婚姻關係的情況還可以進一步闡釋。除非是一方死亡，否則必須履行婚約。但精神異常（*ernts* 意謂迷路了）可以解除婚約；但是結婚後才得到這種病，婚姻關係不能消失。如果有婚外情，不離婚，但全村的長老在小米收穫儀式時間一起用黃藤將犯過者拉到男子會所責打，往往打到他動彈不得。一年之中，如果有什麼家庭糾紛，長老們一年算一次總帳。如果這個狀況是發生在女孩子身上，是由女方的兄弟責打。如果男方犯錯，比較慎重一點，達邦社是由專門打人的執法長老 *panatau* 負責責打。責打完了以後就訓話，把受懲罰的前因後果告訴他，教訓他：「從現在開始你的家庭要怎麼樣維持好，生活要改變……」，教訓完了以後給與酒喝，讓他參加祭典。

　　離婚以後解除婚約與兩家的關係，小孩子跟男方，不可能跟女方。不管是男孩子還是女孩子，都不能跟女方，也沒有給女方東西，「就這樣回家，因為這不是什麼好事」。另一種不好的事是未婚生子。一旦發生這種情形，婚禮儀式還是要補，過程和正常的一樣，但是往往要先嚴懲這兩個人。因為這被認為是雙方家庭的恥辱。私生子更是不好的事情，是一種禁忌，因為男方可以不承認！一個 *wukaawo*（沒有爸爸）的小孩，男方可以拒絕，除非是男方跟女方的家長同意。

第三節　家屋的內與外

阿里山鄒人家屋的地基大多較平緩，疊石成垣、圈定庭院，甚至有前後二院。鄒人的住居類型，大致上可以分為男子會所、家屋與棚圈三類。男子會所為聚落單位之公共建築，棚圈為飼養畜類之棲所，做為人類住屋者為家屋。建築物依其使用方式，又可以類別為家屋，稱為 emo，臨時（或工作）小屋稱為 hunou。Emo 用語有兩個含義，第一個是「家」、「主要居所」的意思；第二個則是「泛指一般的房子」。Emo 乃住屋中最常見而最具代表者，故一切應以 emo 為「標準」、表現「完整的形態」；其他種類之房屋，則依此而加以簡化、變形。

家屋的平面大致有兩種，一是短形的，其中又以長方形為多；另一種接近橢圓形。不論由前或後門進入室內，都是先看到室內中央的火塘（bubuzu）。沿著室內四周的牆壁，由隔板隔成一間間寢床或穀倉。在沒有隔間的空地上，則堆放雜物。屋頂的樑架被用來掛獸皮、堆置物品，和做為 bubuzu 上的乾燥柵之用。家屋內的火塘多安置於中柱的旁邊。家屋也可能另有一個位於角落或屋外棚下的 bubuzu，做為煮豬食之用。

男子會所、廣場（yoyasva）、赤榕樹（yono）是聚落（hosa）的中心、公共生活的領域。男子會所背後為各世系群的「本家（emo）」，再後面是一般住家。世系群的家屋擁有一個禁忌

之屋 (*emo no peisia*)。禁忌之屋內放置儀式物品與裝置「神聖小米」的小米櫃，是舉行與親屬有關之儀式活動如小米儀式、女子成年禮等的主要處所。在鄒人的概念中，不論是聚落或是房子，都可以分為不同的「等級」。雖然目前 *emo* 和 *hunou* 兩個語詞經常會混用，但是嚴格地說二者是有所分野的。*Hunou* 指的是「一般的、普通的、臨時或不長久的、由 *emo* 分支出去的」房子。如同分支的、邊緣的、小型的聚落 (*denohiyu*) 具有成為中心聚落 (*hosa*) 的可能性，一座 *hunou* 亦有發展成 *emo* 的潛能。而 *hunou* 又可分為兩種形式的住居，第一種稱為「*teova*」，當鄒人前往農地或獵區，無法當日往返，會在當地搭建「簡單的工寮、野外臨時搭建的房子 (*teova*)」，做為臨時居住或休息之用。第二種則是形式更為不完整的「*ethufa*」，*ethufa* 指的是在「農作地用茅草臨時搭建的小棚」，做為工作休息之用。

　　家屋空間取向表達成員之間的階序、權力關係，可分為舉行儀式的神聖空間（中柱或祭臺）與日常生活的空間（常以灶為象徵）。家屋中的灶將聚落外的食物，轉化成為家屋成員共享的食物。家屋界限與家屋外的土地範圍常具有對應的關係。和其他山居原住民不同的，鄒人對漁獲 (*eaeosku*) 具有高度的興趣，同一條河流中不同的河段，由各氏族分別管理。獵場則為同一部落成員所共有。「拿」自傳統獵場的「肉 (*fou*)」，有別於馴養或經漢人商販而得的肉類。請誰來「家內 (*aimana*)」同座 (*tsuo no suiyopu*)（也用來象徵家人的關係）

圖11　達邦男子會所內觀（右為舊會所移來之烏心木柱）

共食，以及分食的傳統規矩，都指示他們之間的關係。

　　家屋內外的空間分別，又常與性別的觀念相互結合。阿里山鄒族將面向東方的家屋前門 *tsonsu* 定義為男性出入口，而西方的後門 *miatsmona* 則為女性出入口，被男人視為禁忌（*pesia*）；家屋的前半部放置獵具與武器，後半部則放置農具與家事用具（包括餵豬的容器），中間以火塘區隔。另外，還有一非正式的側門稱為 *toykuyo*，分別位於家屋的縱長兩方向之二面及其一側面，被認為是女性餵豬的出入口。

　　除了人的住所之外，鄒的建築形式（房子）尚包括儀式場所與豢養動物之處。鄒人以世系群為單位，搭建一間「獸骨亭」或「獸骨架」，裡面擺放狩獵的器具和戰利品如獸骨，特別是公山豬的頭骨和獠牙。獸骨亭是專屬獵人（男子）的房子，禁止婦女進入。鄒族的農作祭儀以小米為主，小米祭

所用的物品，如小米背簍、小米神木杖等等，均放置在「禁忌之屋」內神聖的小米櫃 ket'bu 之中。此外，鄒族傳統的豬圈 (po'ovn) 位於房子的後門外，鄒人白天把豬隻放出來，傍晚豬隻就會自動回到豬圈。鄒人相信，男人接觸豬圈會減少野獸的獵獲量，因此由女人負責養豬。家屋之外，同樣有石垣圍牆，圈出了他們平日的活動範圍。庭院圍繞在家屋的四周，前庭設有置薪處、獸骨架，且做為曬穀、舉行祭儀之用。後院則是雞舍、豬舍等之所在。顯然，鄒人認為前院是較「正式的」、「神聖的」，且屬於「男性活動的空間」；後院則是「非正式的」、「世俗的」，且為「女性活動的空間」。

家屋常與植物及其成長過程存在著象徵上的對應關係，親屬發展的過程又常與家屋的建造過程相互結合，而家屋自身不僅是親屬關係之實體化的存在，更具有動力性的成長過程。因此，聚落中最早建造的家屋常被比喻為「樹根」，分出的家屋則被視為「樹枝」。主幹與分支的概念，常是透過人的年齡世代、聚落建立歷史、與聚落遷移過程而得以再現。因此，鄒人主幹與分支的概念，又與中心與邊陲的概念相互結合，而用以呈現分出之後各家屋與原有家屋之間的溯源關係，進一步成為以家屋的起源與分出來表達聚落形成過程，以及彼此具有因文化想像而來的親屬關係之重要隱喻。

阿里山鄒族的家屋具體表徵「同座之人」的血緣關係，而以「種苗讓它長大 (tutsa)」來形容「新立世系群」的情形；本家與分家之間具有主幹與分支的關係。本家之家屋 (emo)

一定位於中心聚落，並擁有一個舉行小米儀式的場所。由家屋「分支」到周邊衛星聚落的房子稱為 *hunou*（意指普通的、臨時的，或不長久的建築物），包含男人前往獵區或野外的臨時住所 (*teova*)，以及農地旁的臨時工作小屋 (*ethufa*) 等兩類。事實上，用來指稱部落的中心、領導者的 *peongsi* 一詞，便是由樹的根幹部位 *peongu* 一詞而來；而 *peongsi* 家族的家屋，常與做為部落象徵、中心的男子會所比鄰而居。主幹被賦與具有力量的中心概念，並且藉由儀式來呈現此一中心的保護力量，也用來做為中心以外人群的象徵。鄒人位於主要聚落的男子會所與家屋便具有儀式力量，被視為保護獵人或出外征戰之男子不受外在威脅的力量；特別是在 *mayasvi* 儀式當中，頭目便表徵護祐全聚落成員的力量。

　　以前的神聖的小米會位於家屋之中，到日治時期才分到

圖 12　修葺男子會所是鄒人的大事

屋外。平時禁拿魚類接近神聖小米，也因此，在設有小米倉之屋內或禁忌之屋本身，都禁止煮食魚類。一般是在房屋進門方向，右面是 *hahu*，左面為 *getbu*（放置糧食的地方），床用藤與茅草編成，圍在火塘 (*bubuzu*) 的四周（在 *gitobosa* 所編成的蓆還未出現時，用的是獸皮）。傳統的鄒族主屋之旁都有獸骨架 (*hahu*)，做為放獸骨、武器和各種禁忌品 (*pesia*) 的地方。平常所獵到的山豬、鹿等，食後將牙齒、鹿角懸掛其中。若某家的獸骨架懸掛很多獸骨，則受人尊敬、令人起敬畏之心，被視為社中的英雄。*Hahu* 的建築為干欄式，離地約三公尺，下面放柴火。如同男子的獵具、火具與會所為女子的禁忌之物一樣，❶*hehu* 亦為女人禁忌之地。不僅如此，如女子不被允許參加敵首儀式，狩獵歸來，在 *hehu* 向獵神敬獻頭與臀部之肉為祭肉，亦禁婦女食用。相對地，男子也被禁止接觸女人的農事器具如小鍬 (*tuu*)，背籠 (*yongu*、*paignu*) 以及豬舍、豬槽、紡織用具。由於獸骨架的存在與狩獵活動有極密切的關係，獵神的信仰也因有狩獵的對象才得以存在。

　　做為儲存小米、小米神暫居之所、世系群之表徵的「禁忌之屋 (*emo no pesia*)」，近年來變遷頗大。形制由大縮小是最明顯可見的變化。❷目前達邦村中還有禁忌之屋的家族為

❶　接觸禁忌物者會罹患導致皮膚生出奇癢無比紅斑的熱症。

❷　例如：達邦莊家的禁忌之屋，門面朝向西南方，設於圍牆內，客廳外，約一點五公尺見方大小。因禁忌之屋的縮小，回到莊家的人便只能到室內休憩、睡眠，不能如以往一樣在禁忌之屋中。

方家、溫家、洋家、莊家、汪家。特富野的禁忌之屋則有汪家、武家、石家、湯家、高家、杜家。由南投縣信義鄉魯富都群 (Luhudu) 遷來的湯家已無禁忌之屋。禁忌之屋不但是進行 *homeyaya* 的主要場所，族人生病時，邀請巫師治病，也往往在禁忌之屋中舉行。禁忌之屋做為世系群的象徵，必須獲得族人認真地維護，相關的儀式也必須要謹慎地遵循。反之，常被視之為族人生病、意外等的肇因。例如：1985 年達邦方家禁忌之屋請巫師重新整理，便是由於方家的人常常遭遇不幸與疾病。

方家的禁忌之屋原位於達邦，在當年 (1976) 國民住宅興建時，遷移到第六鄰的達德安一地。不到兩年，被方原定燒毀後，便沒有再善加照顧。禁忌之屋燒毀之後，由於方原定胡言亂語、神志不清，方氏世系群的家人又相繼出事，人們因此認為禁忌之屋的毀壞是造成諸多不幸的主要因素。因此，1984 年 7 月便由方南華在小米收穫儀式 *homeyaya* 舉行前，重建方氏家族的會所於達邦大社，並向汪家租地，使用約三公尺見方的地，種植祭儀用的小米。無論禁忌之屋的重整是否有助於避開日後的不幸和疾病威脅，方氏族人根據傳統試圖消除導致不幸的終極因素。而禁忌之屋雖與小米和女性的小米神有關，鄒人卻認為一旦禁忌之屋未獲得好好的照顧，出事的往往是男人。

圖 13　禁忌之屋內部

第四節　結　語

傳統社會中同一姓氏的家庭往往以同一「禁忌之屋 (*emo no pesia*)」做為認同的對象，共有一「宗家 (*emo*)」，組成世系群 (*ongko no emo*)。世系群所建構的氏族系統 (*audu matsotso no aimana*)，更進一步的與「男子會所」所表徵的意義勾連上關係。

男子會所之建立象徵鄒族社會的存在。鄒社會政治基體

之對內關係原以血緣為主要基礎，漸次擴展到地緣的整合。其內部權力結構則以父系親屬制度的組織原則為張本，有基於親屬關係而來的權力及其互動關係。由前述之部落建立發展歷史，以及氏族內在分支的階序而界定的社會地位，進一步地出現由親屬組成法則及年齡分級現象交錯產生之族內地位及其所代表之部落內地位。主要氏族之間的交換婚聯姻制度，則更穩定地維持住原有的權力結構；因此，傳統藉由強有力的個人能力影響而獲得地位的情況就相對地減少。換言之，根據上述的這些原則，以男子會所為中心的部落事務所產生的個體與群體政治關係，乃以父系的親屬結構為主要基底，藉此由血緣的世系群所沿用，領導者的職位名稱 peongsi 便取代了原有世系群之姓氏，使部落的領導世系群暫時地放棄原有之姓。其權力傳承的內涵，則主要以父系世系群的親屬組成法則為原則，逐步擴展到以男子會所為象徵之地域性部落社會。

鄒人的聚落範圍往往以石頭堆砌出高約一公尺、寬約六十公分的矮牆。這種細心經營的築牆工藝，目的不在於防衛，而是為了界定內外關係。家屋內部的神聖空間，經常通過小米倉與家屋中柱所舉行的儀式與相關禁忌而凸顯其重要意涵。鄒族的每一個世系群在聚落內都有一個宗家或本家，而只有宗家或本家才可以有「禁忌之屋」和「獸骨架」做為世系群中心的象徵。日治時代之前的小米收藏櫃倉和獸骨架有在家屋之內者，如達邦社之例，也有在外面成為附屬建築者，

如特富野社之例。家屋之內的火塘 (bubuzu) 位於中央，寢床、穀倉、置物處、獸骨架等都圍繞著火塘，呈現出一種類似其部落 (hosa) 組織的「放射狀對稱排列」。這種配置方式不但呈現向心特徵，東牆空間也被神聖化。由於神聖的小米界定了家內的、血緣的關係，禁忌之屋的建構因此被特殊化。家屋中的神聖空間與相關的器物因其具有獨特禁忌，連結了家屋空間的內外分別與人群分類。

　　不論是大型的、本來的、真正的、起源的家屋 (emo) 與小型的、分出的、暫時性居住的工作小屋 (hunou) 的建構與維持；或是狩獵技術與農耕工藝，儀式活動中精巧的神樹修砍與小米收割技巧，都涉及了內在社會分類、勞力交換與文化價值之複製等複雜關係。而這個複雜的關係，又與獨特的歷史脈絡與外在社會的交易行為密切相關，隱含鄒人重視中心、本源、形式完整的宇宙觀與動態的階層化之價值。換言之，阿里山鄒族的家屋與相關空間形式，往往不是被動地反映社會關係的工具，而是與親屬關係的形成和通過信仰和儀式而來的宇宙觀建構過程具有相互蘊含的關係。

第六章
禁忌、信仰與儀式實踐

　　人間世的諸般禁忌、宗教儀式，不但具有規範事物範疇的分類能力，也有明確的超自然相互對應，持續的建構各種社會關係。超自然信仰，儀式實踐與社會分類，政治賦權三者相關。接受來自西洋宗教的影響，鄒人不但出現轉教皈依的現象，天主教與基督教的信徒，參與不同文化形式的復振，各自彰顯了鄒社會穩定的階序與改變的動力。

第一節　Pesia: 做為因果之知識的禁忌

　　鄒人和其他原住民族群一樣重視各種預兆與禁忌 (pesia)。事實上禁忌不但與預兆有關，鄒人的禁忌一詞甚至與儀式的意義共通。禁忌指涉事物之間必然的因果關係。事物禁忌有時是永久性的，有時則是暫時性的，一般可分為幾個類別。

　　人與動物之關係既是緊密的也具有一些禁忌。鄒人欲建新屋時，不但要進行夢占以求得「好夢」，而且如果發現建屋預定地出現蛇類，就必須放棄該地、另覓建地，並在該地由世系群的長老進行儀式活動。不只如此，日常生活中的鄒人

在入山採藤、竹、月桃、樹木……等建築材料時，若於歸途遇蛇，則被視為一大凶兆，必須放棄那些辛苦採來的材料、折返聚落。鄒人相信，一旦運用那些材料建築房子，或用來製造各種日常器具，不是會招來疾病，就是會橫遭不可測的意外之災。此外，在自己家裡未曾使用過的新器物，也不可以在將其帶回家中的路上遇見蛇，否則一定要將之拋棄。❶但是，這也僅限於沒有在家中使用過的器物；任何器物只要是已經在家屋 (emo) 使用過一次者，移動的時候即使在路上遇見幾條蛇，也沒有這方面的禁忌。

鄒人不許魚類進入世系群的家屋 (emo) 之內。❷所以，特富野社和魯富都社的鄒人在屋外獸骨架下面，達邦社的鄒人在儲放薪材的小屋下面，往往另外設置一個火塘 (bubuzu)，用來煮食河流中的漁獲。在與其他族群戰爭前後的儀式如 mayasvi，❸或小米相關儀式（如播種儀式 miapo 和收穫儀式 homeyaya）的期間裡，即使是在家屋之外，不但不可吃水族類的食物，甚至連碰觸都被視為嚴重的禁忌；特別是儀式的

---

❶ 小島由道 (1918) 亦記載：「當鄒人向漢人購買刀劍、農具或其他各種（日用）器具，欲將之（由較遠的平地）攜回聚落使用時，都要有個空著手的人做先鋒，見到了蛇就趕走，以免後續的人瞧見。而從山上搬回建材、或製作器具之材料時，也用這種方法。」

❷ 所有北鄒（包括目前南投縣信義鄉久美村魯富都群的鄒人）都有這方面的禁忌。

❸ 或所謂的「出草儀式」。

圖 14　參加 *Mayasvi* 儀式的南鄒人

參與者與執行者，更要嚴格地遵守這方面的限制。而無論在何種場合之下，北鄒人都不吃鰻魚、青蛙等動物，但是日治之後此項禁忌逐漸鬆懈。

　　相對於山豬，家豬是鄒人向平地的漢人引進飼養的。阿里山鄒人認為：獵得山豬的男子是英雄，但是男子絕對不可觸摸（已被畜養的）家豬，否則狩獵時一定無所收穫。所以，舉凡營建豬舍或飼養豬隻的工作等，便都是由婦女負責。婦女餵豬時只能由房子的邊門進出。鄒男子不但不餵豬，甚至連碰觸家豬的餵食容器也在禁止之列。平常的日子男子往往不從事清掃道路、後院的工作，主要的原因之一，便是因為那些地方有足以污染、削弱男子狩獵能力的家豬的糞便。雖然如此，一旦家豬經過屠宰之後，家豬污染男人的能力便被消除，男子便可以碰觸。所以，早期鄒男子在聚落內殺家豬

時多半使用長槍，如此便可以不直接碰觸豬身；而家豬一旦死亡之後，便可由男子持短刀宰割。為了預防家豬對成年男子的能力帶來污染，阿里山鄒人不願意讓豬隻走進前院及內院，豬隻一走進前院及內院，必須馬上加以驅離。事實上，傳統家屋每一家的前庭都圍有矮竹籬，或甚至石牆，主要的目的便是有效地防止豬隻走進院子裡，走進「家內」。家豬協助建構世系群家屋 (emo) 的界線，也具體化了家的內外之分。此外，男子也不可觸及女子專用工具，舉凡飼雞、養豬、清掃後院、剝麻、紡織……等事務，都是婦女們的工作。不過亦有例外的情形，例如：生麻剝去外皮之後，男子便可以觸摸。阿里山鄒人的成年男子特別忌諱觸及未處理的生葫蘆，他們相信一旦違犯這個禁忌就會患上一種 "pio"（風濕）症，縱使沒有生病，也往往會導致其出獵而無所獲的後果。

　　除此之外，鄒人尚有幾項與動物有關的禁忌。比方說，非狩獵的行程中，在路上若有山豬橫斷前路，則此行被視為不吉，一定要即刻掉頭往回走。公雞應在晨間啼叫，一旦夜啼則屬異常、不吉，被視為家內成員有可能死亡的凶兆，不但隔日早晨必宰殺之，而且還要慎重地舉行儀式。儀式進行時，以家內的長者為代表，割下其雞冠或羽毛、夾在兩根五節芒莖的尖端，舉行稱為 epusupusu 的驅除污染儀式。狗應在屋外，甚至獵場田野等場所活動，狗在屋內吠叫也是不好的事，同樣暗示家中將有成員可能死亡的惡兆；一旦發生這一種情形，不只要舉行儀式，更需邀請巫師舉行儀式

(*poameaimana*) 驅除家內之不祥。

除了與動物有關的禁忌之外，亦有與植物相關的禁忌。比方說，小米儀式期間及戰爭（或獵頭）儀式時，執行儀式者及其家人都不可觸及生麻。鄒人也認為五節芒（鬼茅）具有嚇唬「惡靈」的威力，因此可以使用在各種驅除污染的場合。舉例而言，以前由平地漢人 (*budu*) 的村子返回山上的聚落之後，鄒人必須用五節芒拂拭全身；替病人祈禱，也以五節芒驅除「附在身上不好的靈 (*hitsu*)」；其他，亦常見在門口豎立五節芒，以「防止惡靈的侵入」。

禁忌有時牽涉更大範圍的行為。例如，阿里山鄒人在行播種或收割其祖先流傳下來的傳統小米時，一定要舉行傳統宗教儀式，而且一定是先由中心的、原生的聚落 (*hosa*) 舉行之後，才能輪由分出的、次生的聚落 (*denohiyu*) 舉行。因此，任何一個分出的、次生的聚落，縱使是播種的季節已屆，或小米業已成熟，也不敢在中心的、原生的聚落之前播種或收割，這是一個禁忌。小米儀式的禁忌固定化既有的階序權力關係。分出的、次生的聚落裡的人因此大感不便，日治時代以來使用由布農人 (*Isbukunu*) 所提供的小米種的人越來越多。事實上，過去鄒人更採取杜絕神聖的小米種流出該族土地之外的政策。因為這種禁忌，所以日治時代之前的鄒人，一旦遠行的路程達到嘉義公田庄以西（進入漢人的領域）時，甚至不得攜帶小米糕做為路上的口糧。收割小米的儀式中，更禁止其他聚落的「外人」入社，不食鹽、香蕉、魚、薯、

生薑等食物。但收割小米之首日，食魚則係例外——鄒人認為小米之靈甚嫌惡魚的腥味，所以通過這個行動可以驅走小米之靈，使其失食、飢餓，藉以促成來年小米的豐收。收割小米儀式中不採薪，亦不得從事其他的耕種工作，以保持小米的純淨。

由於出草或打獵是極為嚴肅的事務，因此，出草或打獵的途中，如果遇到某人，這個人又打了個噴嚏，團隊必須中止其行、返回聚落。但是，北鄒可邀其人同行，而不一定要折返；不過，這也僅能限於對方是個成年男子，如果打噴嚏的是個小孩或婦女等不便同行的人，那就只好打道回府。此外，出草或打獵的行程中，某人絆石跌倒被視為不吉，但是並不嚴重到必須中止其行程的地步。同樣地，途中放屁是不吉的，但是無須因此而停止前進；北鄒則認為，只要進行潔淨儀式 *epusupusu*，便可完全化解。出草途中切忌有人詢問團隊或個人「要到哪裡去?」一旦有人問及，便觸犯了極大的禁忌，整個團隊或個人非折返不可。

第二節　生與死的知識與儀式

鄒人認為人的形成和誕生都是 *hamo* 或 *nivunu* 的靈力所致。嬰兒一誕生，*yiafafeyoi* 靈就會自動來到，向嬰兒頭上澆水。鄒人相信，這個時候「嬰兒若表現出吃驚的神色，長大必定是庸庸碌碌之輩，終生不能成就為傑出的人物」。除此之

外，*yiafafeyoi* 靈還會在這個時候決定嬰兒的壽命長短。命數一決定，諸靈便隨即前來，將繩子的一端繫在嬰兒身上，並捉住繩子的另一端。由於二者緊緊地相繫，靈終生將此嬰兒（人）拖著走，給以適當的保護；但是繩子一斷，人就非死不可。所以，鄒人認為從事儀式活動不嚴謹與粗疏導致冒犯超自然的眾靈，便可能會失去靈的照顧，而受到死亡的威脅。

個人的成長逐漸納入實際社會事務之運作，每個時期所牽連到的 *hitsu* 不同。嬰兒出生後，與母體聯繫的臍帶不能用刀而必須用竹片割斷，對鄒人而言刀是用來殺生的。替新生兒洗澡是將水含在嘴裡溫熱，噴在小孩身上、擦拭。一般認為雙胞胎不好，必須想辦法處理；而違反正常出生的「倒胎」，往往被視為不吉，一定送人收養。不論男孩或女孩，在成長的初期階段通常進行一些一般性的儀式。例如：小孩出生一個月後，便由父母釀酒、備肉，舉行「土地神 *aké mameyoi* 儀式」，通過這個儀式，土地神 *aké mameyoi* 便會知道這個小孩的存在。進行儀式所使用的物品男女不同；男孩儀式所準備的獸肉較大、酒亦較多，表示儀式的慎重其事；相對地，女孩儀式則較為簡略。小孩成長到一個特定的時間必須要帶回母親的出生之家；一般而言，在孩子稍大時（例如約七、八歲）攜回，並帶去酒、糕等禮物（不論男、女都要），由女方、小孩母親之兄弟迎接，並祝福：「*iyoku wasu nanso*」，其意為祝其健康、強壯，也讓女方的親屬認識這個小孩。女孩子回娘家帶著小鋤頭（男帶小刀）表示「我是女孩子，這鋤頭是

我的伴」。母親的生母便會製糕給外孫、外孫女。除了上述情形之外，兒童成長期間無任何特殊儀式，等到進入可以被預期擔負社會責任時才行成年禮。

初步賦與鄒人之內在「社會性」的儀式是命名。名字代表其由生物範疇跨入社會文化範疇中人格的成立，賦與其家內的地位，也代表其對外的身分。如果一個人不斷地生病，則召請巫師 (yoifo) 拿 tapanio 草、voyu 藜實、米、酒水等為媒介，進行個人儀式。然而，要驅除疾病只施行治療儀式是不夠的，最重要的是必須更改名字，免得會被讓人生病的 hitsu 纏身。將某類地位表徵，或某種特殊能力予以命名，並終而取代原有姓氏的情形，除了部落首長 peongsi 之外，還有因家族中多出巫師 (yoifo)，將原姓 Noatsatsiana 改為 Yoifoana 氏的例子。命名實交纏鄒人對主體與客體的思考，這種情形也見之於鄒人的成年之認定形式。

個人儀式更與聚落儀式整合。在聚落性的大儀式 mayasvi 舉行初登會所禮 (matkaya) 時，各家將男孩送到會所，最主要的目的就是讓與戰爭有關的靈 yiafafeyoi 認識這個 tsou（人）。進行這個稱為 pakokaiyo 的儀式，是由男孩的母親把男孩抱到會所之前，由母親世系群的男性成員（通常是母親的兄弟）接上男子會所，再由長老致辭，為這個孩子賜福。長老的說話主要是請靈 (hitsu) 好好照顧這個孩子。講完了以後，將小孩的衣袖沾一點酒，抱著孩子跺（腳），結束這個儀式後就把孩子送下去交給他母親。

　　舉行過了初登會所儀式之後，再來就等通過成年儀式，將年輕的生命進一步地納入部落的社會範疇，賦與更多的社會責任，也擁有更多的特權。成年禮 (yasmoyusku) 在 mayasvi 之後舉行，舉行的時間大約在男子十八歲到三十歲之間，可以做些成年人的事，即表示可參加成年禮了。成年儀式中由頭目和武勇的長老給與教訓和勉勵。成年之後的鄒男子，更進一步地藉由慎重的婚姻儀式 (mebuthogu)，連結更大的社會網絡，協助成就其日後的社會地位。

　　鄒人個人的出生、命名、成長、做夢、疾病、生命、死亡的現象蘊含多靈的觀念，而這種觀念又與其整體的、不均等的、二元對立式的身體與靈之思考方式相關。身體與靈被視為存在的兩種互補形式，而靈又可分為兩種互補的存在。人在活著的時候，身體有兩個活動的、互補的存在，分為身體靈 hiyo 與遊離靈 piepia。鄒人認為：身體靈 hiyo 經常位於人的胸膛之內，❹一旦身體靈 hiyo 離開人體，便會導致個體的死亡。相對之下，遊離靈 piepia 則位於人體之外，❺當遊離靈 piepia 稍離時，個體會立刻入睡，如果行路時遊離靈 piepia 遠離人體而去，個體就會立刻陷入昏迷。不只如此，人在睡眠時遊離靈 piepia 往往會四出遨遊，當人將醒時，它

---

❹　衛惠林則稱不明其所在位置。

❺　亦有人更明確地說明：鄒人認為 piepia 經常在人的正前方、牽著人的手；不論如何，遊離靈 piepia 是可以移動在外、伴隨著鄒人活動。

就回到人的身邊。而如果一個人睡得很沉，怎麼叫也叫不醒，這是因為他的遊離靈 *piepia* 出遊、尚未歸來所造成的。人做夢就是遊離靈 *piepia* 在外出時「特殊的見聞與經驗」。❻ 正因為如此，睡覺時所行的夢占，❼ 便有其可信的基礎。

死亡之後身體靈 *hiyo* 立刻轉形為 "*hitsu*"（靈），並隨即赴靈界「塔山」。相對地，其遊離靈 *piepia* 則變為 *hitsunotei*（意為「糞之靈」），繼續停留在聚落內，參與（干擾）社人的日常生活。根據小島由道的描述：遊離靈 *piepia* 徘徊於聚落之內，雖以糞為主食，也時常偷人的食物。當一個人以為有足夠分給別人的酒，可是真正分下去的時候，往往發現其量不足；或者飯、肉等在不知不覺中不翼而飛的情形，都是停留在聚落內的死者之遊離靈 *piepia* 所竊走的。有時這種遊離靈 *piepia* 也會現出類似生人的原形，但往往瞬間消失，一般人很不容易看得清楚。如果在夜晚遇見死者的遊離靈 *piepia* 便有可能生病，此時便需要邀請巫師來驅除遊離靈 *piepia*。而亡者之靈雖然可能會危害生人，但非常懼光、經常躲在黑暗處；因此，鄒人相信晚上只要點上了燈（昇火），它就會逃逸無蹤。❽

---

❻　小島由道分別翻譯為「魂」、「魄」。

❼　例如：在遠行、建築、農事之前所做的夢等。

❽　也有一種說法是：遊離靈 *piepia* 也會死，死後成為第二靈，第二靈死後成為第三靈，而至第五靈後才會完全消滅。這樣的說法亦參見衛惠林等 (1952：133–134)。

　　事實上，某些場合火特別受到重視。比方說，小米儀式
進行的時間中，家家戶戶的火都不可熄滅；出草時，一定要
在中途尋覓一個適當地點，生起「清淨」之火，並留派人員
看守，直到一行人全部歸來為止，期間必須善加維護，絕不
可讓火熄滅、中斷。過去家中若有人死亡時，一旦鄒人認為
「火已經髒污」，必須棄之，另生新火，也就是要「重新建築
一間住屋」。而凡是要生起「清淨之火」，必須採用祖傳的鑽
木取火（*popusᴖsa*）之法。

　　換言之，身體靈 *hiyo* 是實質肉體的支持者，具有維持生
命力之主要力量，一旦離開人就會死亡；事實上，這種情況
之下的身體靈 *hiyo* 亦失去作用，轉形成為 *hitsu*，遷移到塔山
居住。而因為遊離靈 *piepia* 具有活動於肉體之外的能力，因
此鄒巫師施行害人的黑巫術時，常認其法力是來自施咒者各
自之遊離靈 *piepia*，而被咒者亦可以其自身之身體靈 *hiyo* 的
力量與之對抗，或將其消滅。對鄒人而言，這類靈的能力只
能及於人間，不能使自然界發生任何變動。而當其成為巫術
之對象時，此二種靈亦必須通過不同的方法來加以處理。比
方說，當祝福他人之安康與健壯時，儀式的施行對象在於撫
慰身體靈 *hiyo*，稱為 *puᴖotoᴖtsu*；反之，如果是要咒咀他人、
加害他人時，所施行誘導其遊離靈 *piepia* 之巫術，稱為 *topeo-
ha*。

　　鄒人雖信死靈依然存在，但是並沒有供養祖靈的儀式。
人死後，遊離靈 *piepia* 脫離肉體，浮遊於村社間。夢見死者，

就是與死者的遊離靈 *piepia* 相遇。屢次夢見死者，則認為死者要求食物，必須邀請巫師施行儀式。靈的善惡，往往決定於死亡的方式，死於自然因素者為善靈，死於非命者則轉為惡靈。而惡靈不得歸塔山、永留在社內，因此有時會與生人遭遇。再說，人死時，*hiyo* 立即成為 *hitsu*（靈），從頭頂上衝出去、前往塔山。鄒人認為，自古以來的祖先都在塔山裡聚集一地，形成部落宛如活人社會。所有轉形成為 *hitsu* 的 *hiyo* 都一去不回，不再返回原來的聚落。根據佐山融吉描述：「祖先們住在塔山，像現在的鄒人一樣辛勤工作。鄒這些後世之人死了，都可住進祖先們所建造的房子裡，所以去了之後無需蓋屋。」❾

　　鄒族傳統社會中的喪禮是在屋內進行，遺體也是埋藏於屋內，由母親世系群之男子 (*nufoiya*) 舉行儀式，驅死者之靈於屋外。並且，將可以避除不淨的茅草結、木炭和 *voyu* 放在門檻上，防止死者之靈再回來。參與驅靈的眾人在屋內聚食。由於鄒人相信人死後「身體靈」和「游離靈」是可以分開的，靈 (*hitsu*) 必須到它應該去的地方，不該再留戀人間，否則會造成對人生種種秩序的傷害。因此，要施行儀式將人與靈區隔開來。死靈該去的地方一方面是塔山；另一方面，鄒人亦以西方為「日沒處、黑暗處」，鄒人稱死靈為 *yataboetsuboetsu*，也就是「住在黑暗者」。因此，西方被視為「惡靈之門」。❿

---

❾　佐山融吉 (1915)。

❿　衛惠林翻譯為「鬼門」(1952：179)。

傳統鄒人的家屋形制，正門一概面向東方。而聚落中的基地，也安排在西部邊緣。目前由於信仰西洋宗教，喪禮儀式多半採西方宗教儀式，只是下葬之後，頭部仍然依照傳統方式朝向西方。

再說，鄒人處理死者的時間非常短。喪葬時，由家庭中輩分低者負責挖土，有時左右鄰居會來幫忙挖。鄒人不但無所謂「臨死前的準備」，更往往在逝去以後隔一天即行入葬。埋葬時死者身上的衣服全副武裝，幾乎是華服、盛裝。女人亦如此，生前該有的各種配件全部都要帶齊。等整個家族全部到了以後，如果是嫁過來的女孩子過世，便由女子那邊的族長致辭安慰大家：「不要那麼難過，死亡是天註定的」。如果是男子，則由他的長輩致辭，通常是這個家的最長者，如祖父、父母。下葬的時候，整個家族的成員圍在一起，跟死者之靈致辭：「你要好好地躲到『一個地方』，並且好好地賜福給我們全家。」說這些話的同時，屍體已經放在室內已掘好的洞裡面，每個人都要與亡者之靈溝通，全部都溝通結束，便行覆土。如果是男性死者便先由其妻子蓋土，如果是女性死者則由其丈夫率先覆土。

葬完後五天，進行 *meipunu* 儀式。*meipunu* 意思就是從葬到送走，希望已與生人不同性質的靈被送走後就不要回來了。五天以後喪家準備一些酒菜，拐到外面，然後由死者的舅舅輩進行「驅靈儀式」。負責驅靈者攜帶棍子、茅草、藜實 (*voyu*) 等物品，沾一點藜實 *voyu*、敲著牆壁：「離開這個家，你已經

死了！離開這個家，以後不要再回來了」。必須敲遍整座房子將靈趕走，趕走了以後宴請客人。負責驅靈的人叫 *nufoiya*（母親的兄弟）。驅靈之後，門口要放五節芒草兩束，葉子打結，底下放木炭，然後撒一點藜實在門檻上，讓死靈不再進來。驅靈的方位如果是正門，驅靈物要放在正門，後門就不必，因為被驅趕之靈若要回來，還是會循正門。亦即，從哪邊趕出去、哪兒就放茅草……等物，以防死靈再循出去的路線回來生人的世界。對鄒人而言，身體靈與遊離靈是可分開的，當人一斷氣以後，二者立刻分離。屍體歸屍體，他的靈分為由 *hiyo* 轉形而成的 *hitsu*，已不受人歡迎、必須離開，前往塔山 *hohutsuvu*。也有趕一次沒有趕跑的靈，這種情況的靈回來時鄒人可以感覺到。例如，經常在家外有各種不明的怪聲音。一旦發生這種現象就要請巫師驅靈。巫師用刀子跟藜實，*tapanio* 握刀柄，*tapanio* 和藜實也一起握，放木炭，手一揮的時候，木炭飛揚出去，如此一定可以將靈趕走，驅靈時還是對準以前趕他的那個門。如果不趕走，會對這個家的每個人都不好，經常會有意外、家裡不合等狀況。因此，驅走死靈是必要的工作。

　　把死靈趕出去的儀式稱為 *meihitsu*，埋葬稱為 *foa*。死後換全套的衣服，若無新衣則要求較整潔的一套，若是著傳統服飾，則是黑的一面朝外。埋葬的地方因死亡種類有所不同而分為「室內葬」與「室外葬」。病死的埋在房裡。房子的主人死了，一定要埋在屋子裡後門(*miatsmona*)，埋葬處稱

圖15　巫師進行醫療儀式

baae。屈肢、以藤綁手腳，埋葬後上面起火，以湮滅埋葬的痕跡，特別是頭目級的，主要是怕別人來報仇（特別是布農人），將屍體挖出、把頭割走。溺水而死的，必須葬在河邊，不可以帶回。山上遭電擊的，亦就地處理。打仗死而未被割首的，可帶回家。如係自殺，則要打屍體或敲他的棺木，夭折的小孩不埋在屋外。受漢人影響，目前也在清明節掃墓。此外，過去被割首者、年幼者（十二、十三歲以下）、未出嫁或離婚者，都要行「室外葬」。一旦認定死亡，便須趕快埋葬。若屋裡的主人埋下時，大半要搬走、或蓋新屋；雖然如此，並不一定要屋內埋滿了人才換新屋，這是因為此屋被視為屬於他所有（也就是由這個主人生前擁有）。一旦當病人看起來沒救了，相關親友都會回聚。以前小型聚落如里佳的人過世，甚至要送回中心聚落達邦埋葬，但小孩子不送回去；長老（特

別是有社會功勞的長老），一定送回達邦的本家 (emo) 埋葬，屬於特富野的小聚落亦須如此。行室內葬時，屍體一般都是葬在屋內靠後半部的正門 (tsonsu) 右邊，也就是後門 (mi-atsmona) 左邊。

總結而言，人過世之後屍體尚未變硬時，族人便將屍體以跪姿、用藤把身體綁成 N 型，在屋內角落（右後方）挖一個深洞，臉向西方，將屍體埋入。室內葬的葬穴位於後門部位。過去下葬只是將死者較好的衣服穿上，不使用棺槨，放祭品、將 piepia 靈趕出去。快者三天、慢者五天，必須進行驅死者之靈的儀式，以米糕、山豬肉等放在竹筒做為「飯盒」給他，一起摔到外面、送走死靈。如前所述，靈魂有一定的去處，若是靈魂還沒有走，則由巫師 yoifo 施行 epsusa 儀式以驅靈。

第三節　小米儀式與家

在鄒族所有與生產有直接關係之時序儀式中，小米儀式是最重要的儀式。也由於儀式本身不只牽涉宗教因素，更隱含世系群關係及社內地位階序的認同與整合，使得小米種植雖日漸減產，各世系群卻還至少保留一小塊地來種小米。

1. 播種祭 miapo

每年達邦社於七月下旬、特富野社固定於八月八日，結束了小米收成儀式 (homeyaya) 之後，農事進入休憩時期，狩

獵活動配合乾季而展開，工藝製作活動活絡起來，鄒的一年漸漸結束。小米播種之後是新的一年開始，族人最為重視的農作物開始成長。面對這一個時序和作物種植新的開始，鄒人進行謹慎戒懼的播種儀式 (miapo)。正如同舉行其他非日常世俗行為（造屋、開墾新地、遠行、出獵）一樣，夢占是指示人們適當行動的一種方式。播種儀式進行前，也有夢占的行為。❶ 二天前到溪中捕魚，進入第一階段的儀式狀態。播種儀式在占卜過後，即進入第二階段的儀式狀態。

小米的播種通常選擇聖誕節過後至元旦之間從事。由於日治時代水田稻作傳入，稻米成為主食，小米的生產已大量減少，目前只種植供儀式用途的小米，產量不多，原來較複雜的 miapo 儀式也隨之而簡化。

正式舉行播種的前一日，參加儀式者要禁食蔥、蒜、魚等禁忌食物，尤其是儀式負責人更要絕對遵守。而為了避免有不潔的旁人介入，通常選夜半開始進行儀式。世系群的儀式執行者夜宿於禁忌之屋中，待快天明的時候，從禁忌之屋中懸吊著的小米束摘下一穗，用蘆葦草 (haiimu) 編結，意在給靈 (hitsu) 看，出門時將之放在要撒播的小米種之上。事畢之後，還要再做十幾個這樣的編結，放在種下的小米之上，

---

❶　鄒人曾編有一簡單的播種歌描述播種的情形如下：「我昨天晚上做夢，夢很好，要去工作的可以開始去。要去做 dokokaiu 的人準備去工作。你們已準備好的，準備走了。你們去的人，開始準備播種。播種完了我們就回家。」

亦需要帶幾個蘆葦結 (*vomu*) 回去。當一切準備就緒之後，主
祭者領頭，由正門出發，每個人要拿著和小米神有關的由箭
竹製成的枴杖，帶到小米田去；同時亦帶飯和前天捕來的數
條溪魚，一筒水和小鋤頭。到小米田（儀式用地 *pokaya*）後
進行整地；若人數較多，則可輪流、每人翻幾下，清出一塊
地方來、供做種植小米之用。接著拿著小米束，將小米搓成
顆粒、撒到田中，用小鋤覆土、灑水。同時間，族人在旁削
竹枝，用來製作放置魚骨的架子。播種儀式時所使用之掘土
耒杖，禁止在平時使用。小米的種子播灑於田中之後，主持
儀式的人在小米田中吃食魚和飯 (*ufi*)，將吃剩的完整魚骨掛
在分叉的竹架上，竹架插置小米田中，藉以祈禱小米神眷顧
小米的成長與豐收，播種儀式至此完成。

　　進行有關小米播種儀式，以各世系群為單位，禁忌之屋
中延續到小米田的範圍劃為儀式之空間。小米神 (Bai-tonu)
是女性之神。傳統的播種儀式由女子為之，現已由男、女共
同進行，或以男子為主。❷

2.小米收穫祭 *homeyaya*

　　Homeyaya 是鄒族人進行「小米收穫儀式之總稱」。屆臨
小米漸成熟的時候，鄒族長老根據該年小米生產的狀況，決
定舉行小米收穫儀式的時間。在大社的長老一旦決定日期之
後，便遣人到小社去通知社人，返回大社各家族中參加祭典。

---

❷　例如：達邦之汪家由汪宗明、汪朝榮、汪文忠、汪山美負責 *miapo* 的
　　事宜。方家的 *miapo* 由方進興傳方吉業再傳方南華。

傳統上，即使大社與小社在海拔及氣溫上有相當差異，導致穀物播種、生長、成熟的時令不太一致，鄒人仍舊維持其「大社中心」的觀點，以部落中同一世系群的「本家 (emo)」為舉行儀式的團體範疇。

小米收穫儀式 (homeyaya) 開始進行的前幾天，透過某些準備工作，脫離與轉換日常世俗的時空及心態，進入儀式的特殊領域。這些準備工作以頭目家族長老會議審慎地決定日期肇始，通知各家族，各家族分別準備儀式所需之經費、米、豬肉、燃材（現已以瓦斯取代），討論各事項及各人應負責的事務。這個由長老開會決定事情的過程便稱為 "esfutu"。為避免中途介入不能舉行儀式的因素，esfutu 之後到儀式舉行的時間不會間隔很長，往往在幾天內就舉行。決定了時間，到收割小米前，各家族必須用 tapanio 和清水來擦拭及清洗禁忌之屋和家內儀式要使用的器物如鍋、碗、碟、筷等。擦洗過的用具就不可以隨便觸摸，也不做為日常煮食的用具。有人說這是給小米神用的。平常時在廚房用的器具，不可帶到禁忌之屋中，現在已沒有這麼嚴格。舉例而言，1988 年的家族協調會 esfutu 是 7 月 11 日凌晨在汪家進行的，各家族派代表出席決定 7 月 15 日至 16 日舉行小米收穫儀式。15 日之前兩天，各家開始舂米製酒，各戶繳錢以備公用。

在進行小米收穫儀式的日子，所有參加儀式的人都不能吃魚、蔥、蒜等食物。外人也被警告：儀式主持人在進行儀式時，千萬不能由他的前面橫過，否則「小米神會找不到路

進出」。類似這些禁忌，以及在禁忌之屋不可大聲喧嘩，儀式
用具不可掉落於地，使用時不可大聲敲擊等，不斷地在儀式
階段中強調，並要求年輕人遵循。

　　小米收成的日子，也是鄒人運用巫術來袪病、求平安的
時間，某些家族在收穫儀式進行前，延請巫師 (yoifo) 替家人
治病祈福，稱為 meipo。例如，1989 年 7 月 14 日上午九時三
十分，達邦社的莊家六人齊聚一堂，準備一碗米、一碗清水、
一些藜實和一支 tapanio，米碗上置百元鈔（由最近常做惡夢
者出錢），請里佳來的由 Yudunana 嫁到 Peongsi 家的女巫師
行 meipo。進行 meipo 時，每個人面向東、背朝西坐著，最左
邊是族長、年紀最大的，依次排列。女巫師拿起 tapanio 沾水，
再拿一點藜實從每個人的頭開始，由上而下在身體每一部位
做淨除的工作，右手的 tapanio 揮動將「不好的東西」趕到左
掌心去，捉住，再朝向西或南方吹去，巫師同時也會用一種
吟歌聲調和神溝通，每個人做完後就完成了 meipo，米碗上的
百元鈔和米即由巫師帶回去。對鄒人而言，這個時候的治病
祈福，可以有特殊的治療和預防的效果。小米收穫儀式結束
之後，在食物的生長到收穫，以及鄒人的生活，都是一個「新」
的開始。

　　這天，有些人家殺豬，並割下豬的左耳尖去毛待用；有
些人家則拿松鼠吊掛在小米神櫃中待用。松鼠是小米神最喜
歡的食物，禁忌之屋裡面、小米神居住的小米櫃 ket bu 往往
吊滿了松鼠的耳朵，獻給小米神。小米收穫儀式中最重要的

場所是各家的禁忌之屋，目前達邦社最大且最完整的禁忌之屋，便是頭目家族於民國五十年重建的。

　　小米收穫儀式前一天，住在小社或平地的族人陸陸續續回來。鄒人視小米收穫儀式的時間如同漢人的「過年」，表示舊的一年即將過去。實際上，由小米播種開始到小米收成，是鄒人年曆中的一年。晚上，掌管禁忌之屋的長老必須睡在禁忌之屋裡，在黎明之前就要進行儀式。小米收穫祭當天，睡在禁忌之屋內的長老天未亮即起，準備酒、松鼠的右耳或豬耳尖、茶杯，綁在一個方形筐 (*baegonu*) 內，筐中也要放 *tapanio*，同時在祭小米倉內的火塘 (*bubuzu*) 上開始炊食。天將明，長老背方簍、帶箭竹製成的枴杖，從正門出去，到小米田 *pokaya*。枴杖被視為小米神保護他們走路安全之物，由長老製作，一個世系群往往可能有五、六支，是傳家的物件之一。出發前若有人打噴嚏，就不能去，必須把所有東西卸下後，約等五、六分鐘再出發。出發的隊伍，寂靜嚴肅、魚貫而行。

　　小米田中準備進行儀式的地方已預先架好一個迎接小米神的小建物 (*monobaiisi*)，上鋪茅草、右立可掛一個瓢製容器 (*hobi*) 或杯子的木桿；*hobi* 內置有舂成的細粉稱為 *gagsi*。長老到時，先將 *tapanio* 置於竹架上，拿茅草做成結 *vomu*，一手拿酒杯，將 *vomu* 沾酒、唇發 "*tsip--*" 聲，並劃一圓，如此反覆五次。這個動作意在招請小米神和土地神都來，聲明收割要開始了。再拿耳朵，對小米進行儀式，口中謹慎的說：

「若有做錯,請神原諒」等語。之後便可分別割下二束小米,以茅草縛上,一束放入筐內帶回「禁忌之屋」,另一束則放在竹架下、茅草上,用石塊壓住。帶回「禁忌之屋」中的小米,置於小米神臨時居住的場所 (hifi) 上,拿耳朵來進行儀式;接著儀式執行者,先做 bototsu (以手指點酒、飯、肉等,口中並噴噴作聲),隨後家人都做,缺席者由家人代做,表示全部世系群的人,都向小米神致敬的意思。儀式進行到此才可進食、喝水。

早餐都在自己家的禁忌之屋中。之後,若有別人來請則可受邀、且可自由飲酒。在特富野,此時先由陳家的人去請汪家的人來作客,吃點食物,然後再一起到汪家去,再依次齊到石、陳、高等家去。到別人家時,也要先做 bototsu 動作表示獻食的儀式行為,離開時主人會讓來訪者帶肉回去,鄒男子便把肉置於胸袋 (geyoi) 中攜回。達邦到汪家來的有 Noatsatsiana、Yasiyungu、Uyongana、Tosuku、Yakumangana 和 Uchina 等各氏族的族長。這種依序邀約,再一次重演傳統的社會關係。

第二天,再至小米田,從事與昨天相同的儀式行為,但須把昨日壓在竹架下的小米置於背筐中執回。對達邦的鄒人而言,此時是迎回另一位小米神 baiisi (昨日是 bai tonu)。第二天也是所有人將小米全部收割完成的日子。回到禁忌之屋中的動作,亦與昨日同,在做 bototsu 時,若沒有回來的家人,也必須由家長唸他的名字做 bototsu。食和酒完畢之後,有時

家長會執耳朵，向某人或全家人做潔淨的儀式。在汪家，第一天收割置於小米神的臨時居留之所 (monobaiisi) 的小米，須帶回祭小米倉中，而將原帶回禁忌之屋的小米，攜至會所，掛在頭骨籠下一、二天。

小米收穫儀式時間內，做完前述儀式之後就可以喝酒，男人到社外草堆進行摔角、聊天、唱歌、說故事等活動，表現一年結束與新的一年開始的歡愉情緒。但鄒人強調不可太久、太過頭，否則小米神會生氣。一向被視為內斂、自制的鄒人，在儀式娛樂的場合，更是肅敬、不敢有放肆踰越的行為。下午，各家代表齊集汪家禁忌之屋，準備做 sueikajo 儀式，這時每人胸前別上由木槿樹皮製成染紅之 fukuo。每家代表到後，先以酒敬向小米神，汪家主祭再以耳朵對每個在場者（包括汪家全體）做儀式，向神祈求賜予眾人平安。接著由溫家長老帶頭 "tu'e"，詠唱鄒族人走過的山河之地名，表示向神祈祝，希望這些地方的動植物都長得很好。Tu'e 結束之後便開始由創社的 Uyongana 家的人主持討論是否要舉行戰祭 (mayasvi)。Mayasvi 舉行與否由 Uyongana 氏決定之後，再交予 Peongsi 家負責準備各項細節工作。

第三天清晨，婦女便開始結茅草結 (vomu)，一結表示家中的一個人，這是為 moeivovei 之準備工作，在還未 moeivovei 前別家的人不能入內。待全家人到齊之後，拿一束小米到小米神櫃 (ket bu) 上，主祭 bototsu，其他人也 bototsu，未回來的由家長代其 bototsu。Bototsu 結束之後，主祭將兩束小米用

藤綁好，和 *vomu* 及另一束小米放在 *hifi* 上。主祭以耳朵沾葫蘆瓢中的米粉對每個人行 *moeivovei* 儀式，然後將兩束小米放至小米神櫃中，再選擇一些小米置入後，封好並用兩根較大的 *vomu* 插在封口。剩下來的小米綁成五綑，四束掛在牆上，其中一束將帶到山上，另一束吊在靠 *ket bu* 的樑上做為來年的小米種。緊接著，女人們在禁忌之屋做 *'sti* 儀式，講一些種植和畜養方面之事，男人則到會所去做 *'sti*。主祭聚合所有的柺杖以藤綁好，杯子或葫蘆瓢亦綁在方形筐上，女主祭將用過的耳朵綁在 *ket bu* 上，男主祭將方形筐拿到 *ket pu* 前，由女主祭將葫蘆瓢中的米粉灑在 *ket pu* 下，再將方形筐綁在 *ket pu* 上，待明年做小米收穫儀式 (*homeyaya*) 前才能拿下。

　　鄒族神聖的地點分為幾處。定點有包括「赤榕樹」做為被獵頭的敵靈來宿之處，各世系群的「獸骨架」屬於獵頭和軍神的地方，「會所」則是天神降臨之處。不定點的有獵場土地神、河川水神、小米神的臨時居留之所 (*mono baiisi*) 等幾處。鄒人相信，此時，除了 *ket bu* 中的小米神之外，其他的小米神都退走了。行完禁忌之屋內的儀式，男人到男子會所時以一個 *fumu* 草葉包小米、以一根 *fukuo* 插在男子會所的簷下，口中並發出嘖嘖聲，此即為 *'sti* 的儀式行為。在此之前禁忌之屋的 *'sti*，亦將包有小米的 *fumu* 插在禁忌之屋的屋簷下。

　　各世系群間互相邀宴是小米收穫儀式的重頭戲之一，藉

以再一次肯定社內各大家族之間的地位與關係。達邦的莊家和吳家長老會先到汪家禁忌之屋吃早餐，並再討論一些戰祭事宜。特富野則是由汪家邀陳家回家共餐，再共同回到陳家，並輪流到高、石、杜等家共食。接著，傳統的小米收穫儀式中還有上山狩獵的活動，稱為 *miyokai*，達邦長老在進行這項活動之時，到 Kiupana（現達邦第五鄰東北往 Yisikiana 路左側）、Yisikiana，再回到 Kiupana 共做三個 "*snoeitsavei*"（由眾男子所採的 *fukuo* 綁好立在地上），再回到社中遊戲。至此，小米收穫儀式算是完成了，回到本家 (*emo*) 的族人可各自歸府，並帶回去一些食物。長老胸前的胸袋 (*geyoi*)，用以盛裝食用不完的禮肉和贈品。素孚眾望或社中地位較高的長老，胸袋中往往滿載禮肉和贈品。以前，小米收穫儀式結束後每家皆有人到男子會所前割草，象徵舊的一年已過去，新的一年工作由此開始。

第四節　戰爭儀式 *mayasvi* 與部落

鄒族擁有許多的歲時和團體儀式。例如：有關小米的播種祭 (*miapo*)、小米收穫祭 (*homeyaya*)、戰爭的儀式 (*mayasvi*) 等等，在進入現代社會之後，戰祭成為主要的儀式。達邦與特富野二社在族群分類上雖同屬一族，但其舉行 *mayasvi* 卻有個別的自主性。日治以前的鄒族，在每年第七個月圓到第八個月圓的一個月之間，進行小米收穫儀式 (*homeyaya*)，也

就是我們一般所稱的「豐年祭」。在這個儀式中，部落長老再根據當年是否獵獲人頭、是否整修會所、是否發生許多不幸的災難或疾疫，來決定戰祭的舉行與時間。

傳統之戰祭儀式開始之前，應進行「道路祭 (*shimotsuynu*)」的儀式。在儀式中動員全社男女，將大社通往小社的道路、獵徑，以及社內的通道，由巫師 (*yoifo*) 或部落首長帶領，進行修葺及儀式活動。除了道路祭儀式的準備工作之外，前數天並行狩獵以準備足夠的山肉，各大家族分別釀酒以供儀式之用。道路祭的儀式之中，充滿濃厚去除疾疫的希望，同時，也為即將到來的 *mayasvi* 儀式中，人與神的通路有意識地鋪整出來，宣示進入神聖的戰祭儀式階段。數次籌備會議在儀式進行的前幾天已舉行，詳細地計畫各種事情。一方面根據傳統社會地位，另一方面也參酌個人在現代社會的職位，交付各種任務。

儀式當天一早約六點三十分前後，負責儀式場所布置的長老，透過擴音器廣播，請青年會成員與部落成員布置會場。戰祭儀式活動都在晨曦之中逐漸明朗起來。特富野長老並與年輕鄒人打掃社道和會所四周。對鄒人來說，道路通向四面八方，人與神靈都能由各種道路進入社內，如果惡靈侵入則會造成疾病，因此以前各社入口都有赤榕神樹當道。在道路祭時，除了整修道路之外，向神聖的赤榕樹祈祐、阻擋各類惡靈入社，也是儀式的主要目的之一。

由於會所殘破漏雨被視為大不吉利，因此鄒人都很注意

圖16　*Mayasvi* 儀式中的道路界限標誌

會所的結構情況。接近七點時，部落首長家族長老以及石陳二家族長三人到會所的屋頂上，將雜物及腐草略為清除，青少年繼續進行打掃工作，青年組布置會所四周之旗幟以及觀禮所用之座椅。

Peongsi（汪）和 Yatauyongana（高）、Yaisikana（石）三個家族的年輕人，約在天亮前起床、上山，由山上採回鄒人視為神花的金草（*fiteu*），約在八點三十分時，種植在會所前的左右兩土墩上。長老指示他們，在種下之前要大呼一聲（鄒語稱為 *bai-bai*），意在通知神靈，之後再將金草植下。實際上，在傳統的儀式中，整修會所的建材之準備、修築和打掃社道、清除會所內外及其四周，甚至修葺會所，換植神花金草等事宜，都應該在幾天前做好。目前，特富野社則已將之合併於

同一天進行。

　　這個時候，平地觀眾已陸續前來，或四處張望或坐上特富野人為他們訂做的看臺。文獻組也開始分發儀式簡介。達邦頭目也受邀到達；今天他是客人，在儀式的進行過程中，他必須平戴他的頭目冠，不能讓冠上的羽飾直立，以與特富野的頭目有所分別。達邦頭目到後，先到特富野頭目家中稍事寒暄、休息，等待儀式時間的到來。約九點，頭目汪念月和長老們到會所內換上傳統鄒族服飾。鮮紅的色彩燃亮了儀式的場所；各氏族男子也陸續沉穩靜謐地集合到會所中，偶爾傳來代表武勇的臂鈴聲響。到場的男子，圍坐在會所內的火塘四周；會所內的火塘之火，過去是四時燃燒不斷、由男子們盡心照顧的「聖火」。圍坐的男子，或沉思，或低語，或靜靜的佇立，四處傳散儀式莊嚴謹慎之訊息。九點三十分左右，由頭目分發木槿樹皮製成並染紅之 *fuguo*，眾人將之佩帶在刀帶上、手臂上；並於帽上或腰帶之際，插上金草。*Fuguo* 和金草 *fiteu*，都是用來袚除邪靈、避免不淨的聖物，配合紅色的上衣，表徵儀式的神聖狀態。

　　之後約在九點三十五分，由頭目帶領、兩人一組，將男子會所內火塘中的炭火，移至會所前廣場中央的火塘。所有參與祭典的男子在赤榕神樹 (*yono*) 前圍成半圓。兩個 Peongsi 家和 Yaisikana 家的女子，從 Peongsi 家抬來小豬，放在眾人與赤榕神樹之間，由頭目帶頭，眾長老共同以長茅刺殺小豬。霎時鮮血四濺，小豬在慘嚎中斷氣，眾人向著代表天

神的赤榕樹大呼三聲，將沾豬血之刀尖在樹幹上塗抹。接著五個青年上樹修砍樹枝，長老們在樹下指揮，留下數枝支幹，代表特富野的主要家族。眾人再拿出身上的 *fiteu* 沾上豬血，插到已綁在樹幹上的茅草束上。在獵頭的年代，每次出草回來時，都會先將人頭懸在赤榕樹上祭主宰戰爭的軍神，所以舉行儀式時往往要修砍樹枝，鄒人長老們認為可以去除敵人在樹上所依附的靈魂。

豬隻抬到集會所中由長老將之分為數塊，在會所內煮後由男人分食（女人禁食），並拿一小塊用竹子夾著，插到頭骨籠（sukaya）上獻祭。

幾分鐘之後，以頭目為首，男子們走到會所前廣場，由會所向赤榕神樹前方排成半圓形隊伍，進行迎神歌舞。隊伍之順序由傳統地位的高低階序來決定；例如，在特富野社是以頭目 Voyu-e-Peongsi 為首，次為汪家最高長老 Yosungu-e-Peongsi，以及由小社樂野回來的汪姓長老，緊接著是 Yaisikana、Yatauyongana、Akuyana、Dosuku 等各大姓氏長老，在他們之後才會有傳統地位較低的如 Poitsonu 家男子排列。在舞蹈動作及歌曲吟唱時，表現出由一人引題或發動，緊接著是由長老一人或數人同聲應和，最後才是全體發音合唱和律動的井然秩序。這個秩序，隱約地闡明了鄒人的社會組成方式。

進行過上述的儀式之後，眾人回到會所內，由 Yosungu-e-Peongsi 率同 Yaisikana、Yatauyongana、Akuyana 等家長老，

圖 17　*mayasvi* 儀式中男子修砍神樹

將 *fiteu* 紮成束備用。頭目將染了豬血的 *fiteu* 插到會所屋簷的茅草中，長老們拿出 *fiteu* 到赤榕樹前，由各氏族青年從他們手上接過 *fiteu* 之後，飛奔而去，將金草插到各家族的「禁

忌之屋」。插上時要大呼 (bai-bai)，圍聚在赤榕神樹前的長老，也以 bai-bai 的呼聲回應之；等到各青年完成之後，長老再將剩餘的金草插到樹幹茅草紮上，回到會所。

　　九點四十分，各氏族青年再飛奔至 Peongsi、Akuyana、Yatauyongana、Dosuku 等各家去拿已準備好之小米酒。由頭目於會所內之敵首籠前主持儀式，以酒祭頭骨籠 (sukaya) 和裝放頭皮及發火器的蓋子 (sukayo no popususa)。之後，眾人各由桶中舀起小米酒，唱起「獵人頭之歌 (tu'e)」；tu'e 的歌詞敘述出戰者的豐功偉業，內容並不固定，往往由領唱祝文的長老自行編造。目前這部分的儀式，省略為喝杯中之酒，由頭目或長老一人負責帶動唱唸祝文，祝文也談及戰鬥的偉業、英雄的名姓與事蹟、鄒人健捷的步履所跳踏過的山河。之後，頭目或征帥持酒在火塘邊，向戰神與天神祈祐:「保障族人們日後戰鬥、出獵順利平安」，也會提到「作物豐收，勿使疾病流行」的希望。做完這段儀式，頭目或征帥拿起火塘中的一段柴火，口中說請天神回去的話語，將柴火再投入火塘之中，眾男子同時跺腳，象徵主要儀式到此已即將結束。

　　眾人到會所廣場舞蹈、歌唱，完畢後由頭目帶頭，按順序到各大家族之禁忌之屋前舉行儀式。特富野是到 Peongsi、Akuyana、Yatauyongana、Dosuku 家。到各家族之禁忌之屋門前的竹筒中，以手指沾酒、口中作嘖聲，沾酒之指往前彈數下；一行人再回到會所，拿金草 fiteu 放到頭骨籠中，或插到屋簷，再拿茅草拂拭全身，預防日後的疾病纏身。主要儀

式至此結束。眾人到會所前圍成半圓，由 Peongsi 和 Yaisikana 家的二女子拿柴火到會所前火塘中，二女隨著加入歌舞行列。接下來舉行「初登會所儀式 (matkaya)」。男童由各所屬之母族男性成員接到會所內，由長老們給與祝福，成為社內的一員。「成年禮 (yasmoyusku)」亦接其後舉行，由頭目和長老給與教訓和勉勵，讓他們「知道之後要負有許多責任，權利與義務也和孩童時不一樣了」。往昔平日行為良好者，成年禮的教訓只是象徵性的輕打，若行為不檢者則在此時重責處罰、加深印象。長老用藤條抽打，若反抗，則眾長老群起斥責，甚至加入責打。然後，長老和頭目共同為之戴冠，表示他已成年，可以參加戰祭、可以飲酒。

儀式之後，社人和旁觀者即可加入歌舞的行列，一直歌舞達旦，連續二至三天，在午夜、舊日與新日交接之際結束。傳統的儀式程序，則應是在送走天神之後，才算解除儀式狀態，由於經過日治時代獵人頭的去除，儀式時間縮短，過程濃縮，因而提前將儀式在同一天做完。

鄒人認為：在祭小米收穫儀式之後，再根據當年是否獵獲人頭，是否要大修會所，是否發生許多不幸的災難或疾疫，而決定舉行戰祭與否，以及舉行的時間。戰祭所面對的對象是諸神的最高支配者天神 (hamo)，掌管軍事的軍神 (yiafafey-oi)，和掌管生命的司命神 (bosonfihi)，甚至可以包括往昔被獵人頭的靈 (hitsu) 在內。鄒人藉著這個儀式的施行，不但為紀念過去的戰爭，同時也祝禱將來所有不可避免的戰爭之勝

圖 18 夜間 *mayasvi* 儀式歌舞達旦

利；並期望儀式的施行，去除部落內的不幸災難和疾疫。這樣的儀式之訴求內涵，擺在鄒人融入現代社會的歷史脈絡之中，便可見其儀式復振與本土抗爭的不同涵意。也說明了為何在歷史情境與經濟作物已改變，農業祭儀與部落祭儀皆形衰微的情況之下，達邦與特富野社的戰祭不但持續地舉行，且呈現出擴大、一枝獨秀的現象。

第五節　鄒人的轉教與皈依

1946 年，鄉公所成立，Unogu-e-Yatauyongana（高一生）與另一位鄒族長老曾到臺北與孫雅各牧師見面會談，促成孫牧師會同嘉義東門教會陳惠昌牧師等三人訪吳鳳鄉，並在達邦國小教室用幻燈片傳教，這是達邦首次接觸到基督教長老

會。其後嘉義平地教會分別又由黃武東、陳光輝、江進發三
位牧師及吳耀明長老相繼入鄉傳道。1956 年，嘉義東門教會
召開山地信徒講習會，鄒族也有數十人前往參加，從此以後
鄒族部落有固定信徒並且有定期聚會。最初長老會借達邦村
六鄰二十三號（特富野社）成立支會；起初設立教堂時曾兩
度被村民破壞，1957 年信徒增加後再建較大的禮拜堂。基督
教長老會的傳入，吸收鄒人原有地位高者為長老，曾迫使特
富野社停止舉行戰祭，*peongsi* 勢力減弱。然而卻也在 1977 年
得以引進世界展望會的社會服務事業。真耶穌會亦於 1954 年
左右進入吳鳳鄉，但先在邊緣小社如新美 (1954)、山美
(1956)、樂野 (1956)、里佳 (1959) 得到承認之後，才進入特
富野與達邦，目前在特富野建有一座禮拜堂，其信徒比例不
如其分支小社。

　　天主教的傳入者傅禮士神父 (F. Frisch, S. V. D.)，於 1959
年來臺之後，即自願申請入山傳教，特富野天主教本堂創立
於 1960 年，其後達邦亦成立分堂。根據梵蒂岡 1960 年大公
會中的決議，傅神父致力於認識當地文化，鼓勵恢復傳統儀
式的舉行，並全力培養高英輝、楊典諭兩位鄒族神父，將天
主教與傳統社會勾連上關係，以及促成兩個民間團體的成立
（儲蓄互助社與合作農場）。傅禮士神父不但曾在男子會所舉
行彌撒，也主張傳統文化和天主教儀式可並行不悖。同時又
有于斌樞機主教倡議之祭祖典禮，配合當時「復興中華文化
的運動」。這些舉動恰好與較早成立的基督教長老會在特富野

的作為有所差異。

基督教長老會於 1946 年進入吳鳳鄉，1957 年在特富野建教堂，除了頭目家族以外，Yudunana、Akuyana、Yaisikana、Yatauyongana 的幾個長老都入教。他們積極推行基督教義，嚴格禁止傳統儀式的施行，甚至將特富野會所的神樹予以砍斷，樹心塞入食鹽，使得神樹枯萎，*mayasvi* 儀式自此停止了十餘年。一直到 1976 年，前任頭目汪光洋去世之前，天主教傅神父開始到男子會所舉行彌撒，長老及頭目家族人尋回一顆小赤榕重新栽種，才恢復舉行戰祭。翌年，會所因鄰近家屋起火受到波及，頭目長子汪念月等人搶救出會所中重要象徵物頭骨籠、發火燧石袋等，重整會所。汪光洋去世之後，汪念月便接掌了特富野的會所，由其叔汪義益與其弟汪光男掌禁忌之屋。同時，特富野的數名青年，尤其是當年二二八歷史事件的遭難者之後裔，大都學成回到特富野大社與達邦大社，例如：Peongsi 的子弟學醫、Yatauyongana 的子弟從事宗教、教育與行政工作，他們主動地、有意識地參與傳統儀式。

根據張峻嘉 (1997) 的研究，阿里山的七個原住民村有天主教七間，長老會教堂八間（包含一間祈禱所），真耶穌教會教堂七間，總共有二十二間教堂，呈現三個教派分立的情形。達邦村因為包含有特富野及達邦兩個大社，除了真耶穌教會僅在特富野有一間會堂外，其餘兩個教派皆有達邦、特富野各有一間會堂。其餘六個村長老會皆有一間教堂，天主教在

圖 19　基督教長老會教堂

茶山村無教堂外，其餘五個村落也皆有一間教堂；真耶穌教會在來吉村無教堂外，其餘各村皆有一間教堂，且在茶山村有兩間教堂。以村落來看，信徒人數以達邦村六百九十人 (30.6%) 最多，其次是樂野村三百五十八人 (15.9%)，兩村信徒人數，幾乎佔總信徒人數之一半。若以各教派來看，天主教在達邦村、來吉村、山美村、里佳村，都以超過五成之優勢凌駕其他教派；尤其達邦村更高達約七成，來吉村六成五，但是茶山村卻沒有信徒。真耶穌教會以茶山村及樂野村最多，茶山村信仰者約超過八成，但是來吉村則無信徒，達邦村也僅有七十四人，佔約 10.9% 而已。長老會信徒均勻地分布在各個村落中，雖然來吉村所佔的比率最高，也僅佔了約三分之一而已。

第六節　結　語

老一輩的鄒族相信，人類是由鄒的天神 (hamo) 運用不同的樹葉所創造出來。鄒的領域東部與布農接壤，西與嘉南平原的漢人為鄰，南方則面對魯凱族下三社。對 tsou（人）而言，這些「非人 (non-tsou)」和自然生態中的一切，是明顯地或潛在地對 tsou 生物體和社會文化體的威脅，宗教的信仰和儀式活動與此相關。

鄒的思考模式中將人 (tsou) 與靈 (hitsu) 劃分為各種不同性質的存在。阿里山鄒人信仰多靈。農作物豐收或歉收，相信來自於司作物之靈所為，疾病則由於觸犯了司疾病之靈而使之發怒，天地萬物都由各具專門職能之靈加以控制。一直到現在，hitsu 之信仰依然支配鄒人的社會生活與思考模式。Hitsu 除解釋為由死者的身體靈 hiyo 轉形而成者之外，尚可解釋為從未存在於人體的超自然精靈。由死者的身體靈 hiyo 所轉形而成的 hitsu，一般與人並無其他關係。飛鳥走獸也各有其靈，進行狩獵的活動時，被鎖定為狩獵對象之動物的游離靈 piepia 常被獵人召喚，成為巫術之對象。相對地，鄒人認為穀物亦具有身體靈 hiyo，若要祈求豐收，巫術的對象便是穀物的 hiyo。雖然如此，鄒人並不認為動物或植物的靈有可能轉形為 hitsu。在 hitsu 之後往往再加上特定名稱，便用來指示某種超自然的存在。一般鄒人使用善意的 hitsu 與惡意的

hitsu 來分別其不同的性質。從小的惡作劇到足以進行積極的保護或危害生人的靈,往往可以再細分為不同而相關的等級,不但用以對應的巫術有所不同,巫師參與的程度與方式亦有所差異。

傳統戰祭儀式 *mayasvi* 運作的機制,在不同的社中表現出不同的意義。一方面在達邦呈現出通過儀式持續的舉行來尋求傳統功能及意義,另一方面在特富野則發展出本土抗爭的內涵。二者不同之現象主要因社會文化的性質與歷史因素之互動而造成。

達邦社遵循傳統儀式的內容、禁忌,甚至舉行的時間與方式,藉以保障部落之整合的情況非常明顯。尤其是達邦處於現代行政體系的中心,有各種不同政治、經濟、宗教團體的力量在運作,可能會分散的小社與家族,威脅原有社會結構中的地位與秩序,戰祭提供了一個重新整合的基礎。同時,戰祭的儀式,被用來解釋不幸事件和疾疫流行的原因,遵循傳統不使悖離,保證了社群生活的穩定性,更試圖藉由儀式的施行,而使得各種會威脅生命及健康的不好事情,遠離鄒人。

反觀特富野則有不同的呈現。特富野社的氏族族長、政治社會菁英曾在歷史事件中遭難,使其後代在面對大社會時多幾分抗議的色彩,這種抗議的色彩呈現在傳統文化及儀式的復振當中,並逐漸凸顯出戰祭原有之「團結、凱旋」,甚至是隱含了向大社會示威的意義。1950 年代,由於基督教長老

會介入的影響，使傳統儀式意義泯滅無形，由於信仰的影響，後來這些長老雖又回來負責執行傳統儀式，但卻披上了一層表演的性質，儀式的神聖性與禁忌較不被重視。因此特富野的長老和社人，可以四處推展傳統歌舞的風貌，唱只有在神聖場合中才可唱的聖歌，強調鄒人特有的精神。在此，表演的性質，對傳統儀式的合理化甚至強加上濃厚神學解釋的觀點，面對大社會時所呈現的傲然態度及抗議的精神，更進而與吳鳳事件的抗議結合，追索社會文化的本質與推動文化復振，這幾個層面揉合成一個整體，使得儀式之舉行與達邦有極大差異，而成為特富野舉行戰祭的特色。

　　阿里山鄒族部落基督教的傳播，雖起源於1946年長老會的傳入，卻在十年後才有所擴展，確立今日基督教會的空間分布。目前傳統大社以天主教佔絕對優勢，1946年之後由分屬兩大社的居民遷居混合形成之「新興聚落」則以真耶穌教會較多。舊部落的達邦、特富野、來吉、里佳、山美等，還是信仰較為權威式的天主教；而新興聚落的新美、新山、茶山等，則以真耶穌教會及長老會為優勢。傳統大社以天主教佔優勢。達邦與特富野部落鄒人信仰天主教徒，較基督教長老會教徒為多，如達邦天主教徒有九十人而長老會教徒四十人，但天主教徒九十人中，有八人是由長老會轉過來，反之則無。至於特富野，雖無信徒資料，卻有戶數資料。天主教有三十三戶，而長老會有八戶，而且目前兩地主持鄒人戰祭而原屬部落首長家族成員者，也都與天主教保持較密切的關

係。新興的聚落以真耶穌教會佔優勢,此種情況使小社族人較易於脫離傳統社會約束,傾向皈依於重視個人努力、「神蹟」較明顯的宗教,結合了更高的道德標準之要求,成為一種新形式的教派。❸不僅如此,二者對於傳統文化形式的態度有所不同。相對於天主教信徒重拾過去的宗教信仰與儀式,基督教會的信仰者則維持在經營現代化的經濟形式與振興母語的領域。

鄒人信仰體系中超自然力量的認知與分類,顯然與社會文化制度的其他層面密切相關。超自然知識的運作與精巧的儀式化過程之作用,不只在於判別不同性質的「存在」,更複製深植於思考模式中的本源 (*peongu*) 與分支 (*ehnti*)、中心 (*taitso*) 與邊緣 (*faengu*)、內 (*aimana*) 與外 (*tsotsa*) 等各種天生不平等的階序原則,並持續地建構整個鄒族社會組成之基礎。換言之,鄒人雖然失去社會制度層面的主動性,但依然藉著與生態平衡及農事生產豐饒的相關定期收穫祭活動,以及訴諸凸顯鄒文化理念設計的儀式行為如戰祭、小米儀式、個人與家族的生命禮儀,持續的建構族人的文化認同與社會一體感。

---

❸ 參見黃應貴 (1986);張駿嘉 (1997)。

第七章
社會文化變遷

目前僅有七千餘人，聚居在阿里山鄉，自稱 Tsou（鄒）的原住民，早在十七世紀荷蘭人佔領臺灣以前，就已在阿里山山脈，曾文溪上游和濁水溪、楠梓仙溪之間的廣大山林，開疆闢土，形成一個個部落 (hosa)。史前的故事，以西方與東方為主軸所建構的宇宙，還在延續著。中心與邊陲所構成的結構不變，組織元素則不斷地在轉換。

第一節　中心與邊陲：神話與歷史之往覆

在神話與傳說尚未死亡的時代，大神哈默 (Hamo) 用楓葉創造了鄒人和瑪雅人 (Maya)，再用茄苳的葉子創造平地人。神尼夫努 (Nivunu) 看著坑坑谷谷的崗巒，一腳踏在特富野社山上，另一腳跨到達邦社山巔；也曾邁向公田山，留下了米糕化成的白色玉石做為見證。這時，鄒傳統領地 (hupa)，大致形成。

在神話描述中，西部、東部、南部、北部都一樣，既有的世界結構，原來就是不均平的，到處是隆起和陷落。Nivunu神再走向阿里山山脈西邊，踏出了平整而沃野連綿的嘉南平

原，做為神應允鄒族之地。神聖、日出光明的東方，矗立著大神 Hamo 造人之地、鄒人與其他族群避居洪水的聖山：八通孤阿那（玉山）；和祖先之靈魂歸之處：塔山。鄒西進，逐鹿到安平的海岸。或者北上，留連於明潭仙境。或南渡湍急的楠梓仙溪，建立家園。或阻絕於蓮葉田田的白河之地，留下子裔。

　　來自幽暗西方的絃歌漢語，終究是祖先們無法阻擋的狂流。武力衝突、交易欺騙、天災疾疫，波波接應，席捲鄒地。鄒一退、再退。最後，像倉惶無助的梅花鹿，被逼進前有獵人、後臨懸崖的絕地。由於信仰，也由於政治經濟的弱勢，身著漢衣的疾疫惡靈肆虐鄒地。吳鳳之靈 (hitsu no Ngohoo) 更足足壓制、困擾了鄒近二百三十年。幽暗西方的異族，違反了傳統的先佔與依序分配的部落律法。玉山、阿里山，曾文溪、濁水溪、楠梓仙溪，大片大片百獸蟲鳥棲息的獵場，紅楓、杜鵑、檜木、牛樟、杉木、竹圍的林地，水豐魚肥的漁區，都變成後到鄒居的財產。土地、河域、樹木、狩獵……眾靈，靈力盡皆被剝奪，失去千年以來的寓所。

　　在白色恐怖的混亂時代，鄒失去數個屬於全族、具大視野的領導者。此後，政治事件的歷史壓力排山倒海而來。原有政治系統為異族操控，傳統階層被迫萎縮在決策的邊緣。鄒更成為瘖啞少言、眉宇沉重的民族。姓氏名字亂了。原來清楚的氏族系統，現在卻必須經過行政系統所推廣的「宗親會」來加以重整、產生認同，確認不會「自綁生命」的婚配

對象。異文化教育隨之而來。但是爬過山頭後的教育資源和觀念熱誠，層層剝落在山巔、河谷。隨著平地化教育的「進步」所挾帶的文化偏見，鄒的山林與人文知識，鄒的母語能力愈來愈衰弱。資本主義毫不留情地進擊。阿里山鐵道與公路，直如銳利的箭矢射向鄒的心臟；攜家帶眷的漢人過客，用平地的開發主義宰割山地；沿線鄒地逐漸崩潰。山上的生態問題已盤根錯節，鄒人動輒得咎，必須承擔漢人侵墾的惡果和罪愆。觀光事業固然蓬勃了，卻也導致社會和生態環境的雙重污染。

鄒人好像面對著曾文溪上游、層層崇高攔砂壩下的高身鯝魚，不但被限定前進、也不得回歸。鄒人清楚知道時代在改變著，問題越來越多，越來越複雜。鄒人不想停留在過去，但過去從來未在歷史中隱身。

第二節　結構與時間

鄒族社會由幾個具有階層關係的中心與邊陲、主幹與分支構成。主幹與分支構成二元對立同心圓關係。鄒族社會最重要的組織原則，是以一個中心聯合了由這個中心分支出去的各部分做為一個完整的主體。對中心的效忠與服從，強調面對面的溝通和協調，藉以達到社會整合的目的，更是支配了鄒人的基本價值觀。

一個主要中心、周圍環繞數個外圍小旁支的特徵；而中

心與邊陲、主幹與旁支彼此之間，涵蘊明顯不平等的高低階序關係。這種社會組成方式在傳統的山田燒墾與漁獵的經濟過程中得到支持。比方說：住在「大社」、「本家」的世系群族長，往往可以擁有較大的儀式與經濟權力；在狩獵與戰爭中尊重權威的共享性分配原則之下，獵物與土地更因此而集中於部落頭目或征帥之家。同時，鄒的社會組成方式更透過父系氏族的親屬聯結，男子會所 (kuba) 與年齡組織的運作，以及對部落首長所代表的整體部落價值的輸誠效忠（peongsi 意為樹的根幹或蜂后）而得到其整合和延續。

事實上，這種相對的、因情境不同而有所變化的結構二元性，也呈現在本書所描述的景觀概念建構與其他的社會領域之中（參見下表），是瞭解鄒社會性質的關鍵範疇。

表 2　鄒人各類相對概念對照表

時間 Time	peasia　禁忌期	huhutsuma　日常生活
	hosoyuma　冬季	homueina　夏季
	boboezu　乾季	sioubutsoha　濕季
	ne noanao　過去	mai tane　現在
方向 Direction	omza　東方	oeyi　西方
	mi'usuni　向前	tsi'ingona　向後
空間 Space	mueo　前	hehu　後
	taitso　中央	faengu　邊緣
	fuengu　山	etupu　海
	aimana　內	tsotsa　外
性質 Quality	aut'utsu　拳養或馴養	putspuhu　山中野生

	poatsofkoeaa　乾淨	*tsai*　骯髒
	oemi'mi　乾	*noeutsu*　濕
	tiskova　光明	*voetsuvtsu*　黑暗
	eansoua　活的	*humtsoi*　死的
顏色 Colour	*fuhngoea*　紅	*kuaonga*　黑
物質興趣 Material interests	*peongu*　根幹	*ehnti*　分支
	tsonsu　前門	*miatsmona*　後門
	tongvofusuya　獸骨架	*ket bu*　小米櫃
	mountain area, forest 山區、森林	*pigsty, hen-house*　豬圈、雞籠
	weapon　武器	agricultural tools　農具
	kuba　男子會所	*monopesia*　禁忌之屋
	putspuhu　山中野獸	*emum'u*　植栽
宗教儀式 Religious rites	hunting, fishing rituals 漁獵儀式	agricultural rituals 農業儀式
	meiisi　團體儀式	*meipo*　個人儀式
	mayasvi　戰祭	*homeyaya*　小米收穫祭
超自然 Supernature	*hamo*　大神	*hitsu*　眾靈
	akei mameyoi　土地神	*baii tonu*　小米神
	yone pepe　上界	*muyeona*　下界
性別 Gender	*hahotsngu*　男	*mamespingi*　女
	hamo　大神	*baii tonu*　小米神
	hunting tools　獵具	agricultural tools　農具
社會組成 Social formation	*nuvofuza*　母親的父系氏族	*peafeoyu*　自己的父系氏族
	hosa　部落	*emo*　家屋
	hosa　大社	*denohiyu*　小社
	peongsi　部落首長	*mameyoi*　長老

tsou adoana　我族	*motsmo*　異族
emo　主要的、中心的、原生的家屋	*hunun*　農舍
audu matsotso no aimana　氏族	*ongko no emo*　世系群
ongko no emo　世系群	*tsuo no suiyopu*　家庭
tsuno hupa　獵租	*tsuno faeva*　年度新小米

資料來源：修改自王嵩山 (2003b：164–166)。

　　鄒族是一個父系氏族社會，財產、名位由男嗣所承繼。主要的社會經濟單位，是由幾個父系家庭組成「共有家名、共食新小米」的世系群。每個世系群的具體表徵，是擁有小米神櫃與獸骨架的「禁忌之屋 (*emo no pesia*)」。建築在大社的男子會所 (*kuba*)，是鄒族部落最主要的象徵物，所有重大的公共活動，都在這裡舉行。

　　傳統的鄒族社會，土地由部落或氏族來管理，漁區為世系群所擁有，個人只有使用權。除簡單工具外，生產均依賴人力，生產主要目的在於自用，除了自己生產所得，與共享性的分配所得之外，餽贈及以物易物是得到非自產必需品的另一種方式。傳統農業為山田燒墾農耕，以小米和甘薯為主食，也生產芋頭、旱稻、玉米，並輔以獸肉、魚類。耕作地點不斷地移動，路遠而必要時就在耕作處建工作屋起居，逐漸發展成「小社」。每年的儀式時節，小社鄒要回到大社的男子會所和家族的禁忌之屋參加傳統宗教活動。

男子從事狩獵、製作、建築、開墾、山溪捕魚等工作；以山鹿、山羊、山羌等獸類為材料的鞣皮製革技術頗為著名。女性負責繁重的農耕、紡織、編籃、製陶及家務育兒等。在平日的農耕工作中，世系群的成員互相協助。到了開墾和收穫時，則連姻親也會過來幫忙，形成一個個輪流分別到各家耕地去工作的「輪工團體」，合力完成農事。

鄒人不但重視理性知識，也受因果關係的掌握。這種情形呈現在其具過去的觀點，和時間前後連貫、秩序井然之「歷史性」。鄒人認為：事情總是「互相關連的」(亦稱為 esbutu)，就如同部分乃含攝於整體當中。過去 (ne noanao) 不但被視為現在 (mai tane) 的一部分，過去有時更等同於現在。過去是現在的來源、基石、階梯。要解釋現在只有瞭解過去。如同社會的組成原則可以用一棵樹、一條河、一條路來比喻一樣，過去是主幹 (peongu)，現在是分支 (ehnti)，現在建築在過去之上。容易感受到過去的意識，使鄒人在政治活動時，表現出極特殊的「保守主義」。謙虛與不強出頭，是傳統社會中頌揚的美德；團體的重要性先於個人，要超越界限必須掌握其所處之脈絡，與主體在結構中的位置之思考模式，進一步鞏固了原有部落社會組織中的「集體性原則」。雖然如此，由於鄒人重視知識，避免了社會互動的遲滯。

第三節　文化困局：界限及其超越

　　十八世紀鄒族便被納入了世界體系。清代及日治時代的鄒人，都有到外「觀光」的經驗。北京的富庶壯麗，日本神戶的船堅炮利，使鄒人大開眼界，回到聚落後不斷敘述驚異之旅。山地管制開放之後，鄒更被納入觀光系統之中。鄒族在「看」與「被看」的辯證過程中，學得許多經驗和知識；如：強調山林休閒觀光、經營小木屋、發展觀光農業、主動洽接旅行團等。觀光客越來越多，並因外在社會經濟發展及推展休閒觀光趨勢而組織化。但觀光的市場機制，操縱在漢人社會手中。

　　近年來，鄒地入山管制的消除、生態破壞、觀光主義與尋求族群主體性交互作用，而興起生態保育行動。對環境憂心的關懷與文化保存有密切的聯繫，共同呈現回歸傳統人與自然關係的基本主義特徵。通過鄉內環境保護的行動，不但社區內的人際關係重新界定，更因其與傳統的自然知識和道德價值相結合，環境保護行動成為防禦外來文化侵入的一個神聖象徵，是社會力自主運作的期望之所在。

　　鄒人知道知識的重要性，重視教育的傳承，也願意學習新的生活方式。早在日治時代，便有族人步行下山，主動要求接受教育。光復之後，父母也頗為重視子女的教育。家是根幹之處。根幹的支持，是鄒年輕「分支」成長的重要條件。

配合著重視教育的傳統，使得鄒人的平均教育水平頗高，也使他們能適度地掌握外在社會的動態和思考方式、獲得資源，從而在有限的角度中得到較好的適應。因此，大部分的鄒人，並不受制於迫在眉睫的生存問題。

但鄒人的前進之路 (tsenu)，依然有各種具體的主觀與客觀危機及困局。首先，由於外來社會體系的侵入，改變政治、經濟、宗教、親屬等各方面的關係，增加內在衝突、動搖族群存在的社會基礎。其次，外來殖民文化的影響，使鄒文化開始產生文化一致性、樣板化、商品化、類同西方化的趨向，出現族群認同的污名化危機，資本市場的干預更消蝕文化的主體性。第三，鄒不但喪失文化詮釋權，族人對傳統文化詮釋的能力，也進一步地被削弱。進入國家體系之後，對歷史事件反叛與革命的不同史觀，使其遭受歷史意識威脅。第四，文化（或生活方式）既遭國家力量與資本主義市場剝離，文化傳承教育亦因此產生斷裂。近年來雖有文化復振的運動，但是文化重構與社會體系既分離發展，而文化復振的組織形態又往往以漢人既有系統做為參考對象，缺乏有效的族群組織與基地。面對這些情況，鄒人如何因應呢？

第四節　象徵的與組織的：文化形式與鄒的未來

近年來，長老們仍一秉傳統的觀念，在不同的場合中貢獻社會與文化記憶，對年輕的一代循循善誘、傾力培養。鄒

圖20　科博館橢圓形廣場鄒人示範立柱前儀式

族的年輕人，更主動地參與傳統文化的復振與社會重建，在
傳統聚落與家族宗教儀式中扮演學習者，甚至執行者的角色。
旅外的年輕人曾經創辦《鄒季刊》，通過記錄傳統文化及發表
一些思想的結晶來關懷鄉政。在師大任教的汪明輝博士聯合
旅北知識分子，連續幾年召開全族事務回顧與前瞻的「鄒是
會議」；分別由浦忠成博士和羅明書教導領導的「旅北、旅嘉
鄒同鄉聯誼會」，成為旅外鄒人與部落相連相接的管道。國小
校長浦忠勇，除了從長老口中記錄歌曲並轉為簡譜之外，常
撰寫文化評論，並繼續攻讀碩、博士學位。受西方神學影響
的傳教士，也以鄒的立場，參與文化復振的工作；也因此「鄒
語工作室」的母語教學研究與實踐，得以漸次展開。也有人
隨時掌握外在市場需求，運用行政助力，種植各類經濟作物，
成為小型企業家。有人直接參與政治，得到更多發言和立案

權。已故去的高英輝神父不但推動吳鳳事件的鄒族史觀，也風塵僕僕地到處推廣鄒族歌舞，使得目前長老分別在頭目汪念月、汪傳發的支持之下，可以組織傳統歌舞團隊，到全臺灣各地演出、登上國家劇院舞臺。

每年祭典期間，除了嚴謹地舉行傳統儀式之外，各村有備而來的傳統歌舞比賽，以及近幾年來各村的漁區生態保護行動，更可明顯地看出鄒人對自己文化的體認。傳統的大家族制價值觀，扮演一些吸納年輕人回山定居的功能，減少在平地泥沼裡流離失所的鄒族後裔。而返鄉投入土地勞作的青年，和在外努力、具廣闊視野的菁英，以及具有傳統智慧的長老的結合，正是部落與文化重構的重要基礎。

鄒運用傳統社會文化體系中組織與象徵的互補層面，不但試圖結合個體和社會的衝突，也試圖結合文化與社會層面的不整合情況。因此，處於 1980 年代以來強調地域化的差異性、地方文化形式被用來與國家體系和舊有的權威觀念相抗衡的臺灣社會，鄒人通過行政體系與民間團體互補的操作，從「鄒是會議」、各村「河區生態保育」、「農業與林業總合經營」、「鄒族母語教學」、「*mayasvi* 儀式活動」、「鄒族傳統歌舞團隊」、「鄒族旅外同鄉聯誼」、成立於 1995 年 6 月的「鄒族文藝基金會」，以及雖受制於政治現實、但亦支持民間自發文化活動的鄉公所「文化重建委員會」，都獲得若干成果。

當代鄒人的族群意識，在臺灣各個族群文化互動的歷史過程中逐漸具體化。族群意識不是一個文化事物，而是社會

過程的一個面相，產生於關係的和過程的脈絡。誠如 Eriksen(1993) 所指出的：族群意識是由「群體識別的象徵、族群組織的社會或政治」等兩個面向所組成。除了幾個新形式的鄒團體，建構出行政系統所闕如的族群或文化上的象徵功能之外，鄒人也將兩個傳統大社所在、且擁有兩個男子會所的達邦村，規劃為「鄒族文化中心」，進一步強化鄒記憶劇場的主幹與核心概念；接近漢人社會的樂野村（亦即傳統的分支小社），則將取代達邦村原有的部分功能，成為阿里山鄉的「行政中心」。這些設計，使得在政治社會組織無法具有主體力量的鄒人，轉而通過實踐特殊的文化形式，建構族群界限而得以和異文化有所差異，確保人類學家 Cohen(1974) 所謂的「族群的資源或象徵資本」。這樣的企圖，使鄒人的文化重建顯示出「超越部落主義」的特徵，也藉由原有動態性的二元對立同心圓中的主幹與分支結構原則，化解內部政治實踐上所可能產生的嚴重衝突。

男子會所依舊昂然地標幟著部落，垂護著鄒的生命；既刻劃過去、也指引未來。禁忌之屋，提點鄒種種合宜的家族血緣關係、道德堅持。戰祭與小米的儀式，也仍分別在達邦社與特富野社戒慎地實踐著，定期地喚起獨特鄒（人）的生命、文化與社會記憶。鄒的例子和人類學對世界其他民族的研究都告訴我們，族群意識不但是一個恆久或本質的情況，也是一個團體的行動策略。由於更進步的交通、現代媒體的迅速採用和發展、教育程度與識字率的提高，以及美國文化資本主義的擴

展，人們意識到集體的族群認同可以在政治行動中被使用和操縱。也由於文化互動的頻繁、外來文化無孔不入的侵蝕，因而產生了發掘文化差異的需求。他們嘗試通過傳統文化形式的重構，藉以設立文化界限，建立族群主體性。

　　以往的社會文化實踐，或透過政治菁英與知識分子的外在勾連，或靠個人關係，或依賴外來政治力量而達成。但誠如鄒菁英汪明輝的反思：「鄒人在爭取自我利益時，往往受外來社會的解構而失卻主體性；雖擁有社會文化資源、但渙散且各行其是，沒有具體且持續的實踐步驟。」因此，在象徵與組織的互補範疇上，鄒人要敏銳於世變，有計畫地傳承文化、培育人才、企求鄒文化長存。鄒人不但開創一個以鄒文化為終極關懷、超越黨派與個人利益的「鄒族文藝基金會」來整合資源，建立鄒族的主體性；更積極地規劃一個有別於漢人、具有族群特色的「鄒族文化中心」之組織，結合凝聚在男子會所與禁忌之屋所表徵的社會觀念與文化價值，走上正確的路 (tsenu)。

參考書目

中文部分

小島由道
  1918　番族慣習調查報告書，第四卷。臺北：臨時臺灣舊慣調查會。

中村孝志
  1997-2002　荷蘭時代臺灣史研究（上卷），概說・產業。吳密察、翁佳音、許賢瑤編。臺北：稻鄉出版社。

中國社會科學院歷史研究所清史研究室編
  1989　清史資料，第七輯。北京：中國社會科學院。

井出季和太
  1977　日據下之臺政。郭輝編譯，臺灣省文獻委員會編纂組編校。臺北：臺灣省文獻委員會。

王嵩山
  1990　阿里山鄒族的歷史與政治。臺北：稻鄉出版社。
  1995　阿里山鄒族的宗教與社會生活。臺北：稻鄉出版社。
  2001　臺灣原住民的社會與文化。臺北：聯經出版事業公司。
  2003a　聚落經濟、國家政策與歷史：一個臺灣中部族群的例子。南投：國史館臺灣文獻館。
  2003b　過去就是現在：當代阿里山鄒族文化形式的社會建構。臺北：稻鄉出版社。

王嵩山、汪明輝、浦忠成

2001 臺灣原住民史：鄒族史篇。南投：臺灣省文獻委員會。

王嵩山等

2001 阿里山鄉志。與汪明輝、孔憲法、浦忠成、浦忠勇、羅偉、何傳坤、周文豪、黃坤煒、嚴新富、陳計堯、張雅音等共同編著。嘉義：嘉義縣政府阿里山鄉公所。

伊能嘉矩

1985–1991 臺灣文化志，下卷。劉寧顏主編，江慶林等譯。南投：臺灣省文獻委員會。

何傳坤、洪玲玉

2002 淺談阿里山史前鄒文化。國立自然科學博物館簡訊 175：2。臺中：國立自然科學博物館。

佐山融吉

1915 蕃族調查報告書，曹族。臺北：臨時臺灣舊慣調查會。

李天民

1998 臺灣地區代理鄉長角色與職能之研究：以嘉義縣阿里山鄉為例。嘉義：中正大學政治學研究所碩士論文。

李亦園

1992 傳說與課本：吳鳳傳說及其相關問題的人類學探討。刊於文化的圖像，頁 325–373。臺北：允晨文化實業股份有限公司。

李道明、王嵩山（共同導演）

2001 TSUENU 路。民族誌影片。

汪明輝

1992 Hupa：阿里山鄒族傳統領域。國立臺灣師範大學地理研究報告 18：1–59。臺北：國立臺灣師範大學。

岡田信興

 1905 阿里山蕃調查書。台灣慣習記事 5 (5)：373–389，5 (6)：471–478。

松田吉郎

 2001 清末暨日治初期「阿里山番租」之研究。黃秀敏譯。刊於契約文書與社會生活 (1600-1900)，陳秋坤、洪麗完編，頁 173-224。臺北：中央研究院臺灣史研究所籌備處。

馬淵東一

 1937 中部高砂族的祭團。民族學研究 3 (1)：1–29。

 1952 臺灣中部土族之社會組織。林衡立譯。大陸雜誌 5 (1)：11–16，5 (2)：17–20。

張駿嘉

 1997 臺灣原住民宗教研究之回顧與展望。臺北：國立臺灣師範大學人文研究中心。

郭松義

 1986 玉米、番薯在中國傳播中的一些問題。刊於清史論叢，第七輯，頁 80-114。北京：中華書局。

陳其南

 1980 一則捏造的神話：吳鳳。民生報，7 月 28 日。

陳計堯、王嵩山

 2001 經濟志。刊於阿里山鄉志，王嵩山等編撰，頁 329-383。嘉義：嘉義縣政府阿里山鄉公所。

陳淑均總纂，李祺生續輯

 1968 [清] 噶瑪蘭廳志八卷：清道光咸豐年間。宜蘭文獻叢刊

第一號。宜蘭：宜蘭縣文獻委員會。

陳麗如

2002　日治時期理番政策與阿里山鄒族社會。臺中：東海大學
　　　歷史學研究所碩士論文。

喜安幸夫

1981　臺灣抗日秘史。東京：原書房。

黃叔璥

1957 [1735]　臺海使槎錄。臺北：臺灣銀行經濟研究室。

黃韶顏

2000　阿里山特富野鄒族原住民飲食生活與營養之研究。臺灣
　　　師範大學家政教育學系博士論文。

黃應貴

1986　臺灣土著族的兩種社會類型及其意義。刊於臺灣土著社
　　　會文化研究論文集，黃應貴編，頁 3-43。臺北：聯經出
　　　版事業公司。

溫吉編譯

1957　臺灣番政志。林熊祥主編。臺北：臺灣省文獻委員會。

嘉義縣政府

1971　嘉義縣統計要覽，第 22 期，農林。嘉義：嘉義縣政府。

臺灣府志

[清]　臺灣府志十卷。高拱乾纂修。

臺灣省文獻委員會編

1997　日據時期原住民行政志稿，第一卷（又名，理蕃誌稿／
　　　臺灣總督府警察本署編）。陳金田、吳萬煌、古瑞雲譯。
　　　南投：臺灣省文獻委員會。

1998　臺灣原住民史料彙編：臺灣省政府公報中有關臺灣原住
　　　民法規政令彙編，全三冊。南投：臺灣省文獻委員會。

臺灣銀行經濟研究室編

1963　清代臺灣大租調查書。臺北：臺灣銀行經濟研究室。

臺灣總督府編

1934　臺灣事情。臺北：臺灣總督府。

臺灣總督府營林所嘉義出張所編

1935　阿里山年表。臺南州嘉義市北門町：臺灣總督府營林所
　　　嘉義出張所。

臺灣總督府警務局理番課編

1936–1939a　高砂族調查書第一編：戶口、內臺人與之接觸、
　　　　　　衛生。臺北：臺灣總督府警務局理番課。

1936–1939b　高砂族調查書第二編：生活。臺北：臺灣總督府
　　　　　　警務局理番課。

周鍾瑄主修，陳夢林纂修。

[清]　諸羅縣志。

衛惠林、余錦泉、林衡立

1952　曹族誌：臺灣省通誌稿，卷八，同冑誌。南投：臺灣省
　　　文獻委員會。

劉克竑、何傳坤

1998　嘉義縣阿里山鄉樂野村 Daimaeyayana 遺址。臺灣博物
　　　館民族誌論壇社通訊 1 (3) : 41–58。臺中：臺灣博物館民
　　　族誌論壇社。

鄧傳安

[清]　蠡測彙鈔。

聶甫斯基 Nevskij, N. A.

  1993 臺灣鄒族語典。白嗣宏、李福清、浦忠成譯。臺北：臺
原出版社。

外文部分

Appadurai, Arjun

  1998 Modernity at Large: Cultural Dimensions of Globalization.
Minneapolis: University of Minnesota Press.

Cohen, Abner, ed.

  1974 Introduction: The Lesson of Ethnicity. In Urban Ethnicity.
London: Tavistock Publications.

Eriksen, Thomas H.

  1993 Ethnicity and Nationalism: Anthropological Perspective.
London: Pluto Press.

Halbwachs, Maurice

  1992 On Collective Memory. Chicago: The University of Chicago Press.

Lévi-Strauss, Claude

  1963 Structural Anthropology. Claire Jacobson and Brooke
Grundfest Schoepf, trans. pp. 149–152. New York: Basic
Books.

Wolf, Eric R.

  1983 Europe and the People Without History. California: The
Regents of the University California.

原住民叢書

雅美族 泰雅族 鄒族 卑南族 布農族
排灣族 賽夏族 阿美族 魯凱族

臺灣歷史舞臺最初的主角，獨特的生活方式和文化習俗使他們與眾不同……

● 泰雅族

泰雅族人是巨石的子孫，他們是九族中最善織布的一族，他們美麗的黥面代表著男性的勇氣與女性的賢慧，"gaga"則是他們重要的文化觀念與社會範疇。這一群在臺灣分布最廣的原住民族，還有許多您不知道的一面，正等待著您的深入探索。

● 雅美族

雅美族，也有人說應該叫「達悟族」，是一群居住在蘭嶼，與世無爭的民族，在碧海藍天中追逐著飛魚。想知道雅美族到了飛魚季有哪些事情要忙嗎？想知道雅美族為什麼如此敬畏鬼神嗎？想知道為什麼去人家家裡拜訪一定要帶芋頭，同樣也一定可以拿到芋頭當回禮的原因嗎？那你絕對不能錯過。

文明叢書 1

蠻子、漢人與羌族

王明珂／著

在中國西南的溝寨裡，羌人世代生息；傳說他們是大禹的子孫，也有人說日本人正是羌族的後代。歷史的多舛，帶來認同的曲折，作者從第一手的田野經驗出發，帶您探索羌族族群建構的旅程，讓您重新認識這群純樸的邊疆朋友。

文明叢書 2

粥的歷史

陳元朋／著

一碗粥，可能是都會男女的時髦夜點，也可能是異國遊子的依依鄉愁；可以讓窮人裹腹、豪門鬥富，也可以是文人的清雅珍味、養生良品。一碗粥裡面有多少的歷史？喝粥，純粹是為口腹之慾，或是文化的投射？粥之清是味道上的淡薄，還是心境上的淡泊？吃粥的養生之道何在？且看小小一碗粥裡藏有多大的學問。

文明叢書 **7**

疾病終結者
——中國早期的道教醫學

林富士／著

金爐煉丹，煉出了孫悟空的火眼金睛，也創造了中國傳統社會特有的道教醫理。從修身道士到救世良醫，從煉丹養生到治病救疾，從調和陰陽的房中術到長生不老、羽化升仙的追求，道教醫學看似神秘，卻是中國人疾病觀與身體觀的重要根源。

文明叢書 **6**

公主之死
——你所不知道的中國法律史

李貞德／著

丈夫不忠、家庭暴力、流產傷逝——一個女人的婚姻悲劇，牽扯出一場兩性地位的法律論戰。女性如何能夠訴諸法律保護自己？一心要為小姑討回公道的太后，面對服膺儒家「男尊女卑」觀念的臣子，她是否可以力挽狂瀾，為女性爭一口氣？